古代歷史文化研究輯刊

二　編

王　明　蓀　主編

第7冊

西周封國之自主與交融——周代封建性質的再檢討

王瑞傑　著

國家圖書館出版品預行編目資料

西周封國之自主與交融——周代封建性質的再檢討／王瑞傑著一初版一台北縣永和市：花木蘭文化出版社，2009〔民98〕

目 2+172 面；19×26 公分

（古代歷史文化研究輯刊 二編；第 7 冊）

ISBN：978-986-6449-84-0（精裝）

1. 封建制度 2. 封建社會 3. 周代

573.117 98014110

ISBN - 978-986-6449-84-0

古代歷史文化研究輯刊

二 編 第 七 冊 ISBN：978-986-6449-84-0

西周封國之自主與交融——周代封建性質的再檢討

作 者 王瑞傑

主 編 王明蓀

總編輯 杜潔祥

出 版 花木蘭文化出版社

發行所 花木蘭文化出版社

發行人 高小娟

聯絡地址 台北縣永和市中正路五九五號七樓之三

電話：02-2923-1455／傳眞：02-2923-1452

網 址 http://www.huamulan.tw 信箱 sut81518@ms59.hinet.net

印 刷 普羅文化出版廣告事業

初 版 2009 年 9 月

定 價 二編 30 冊（精裝）新台幣 46,000 元

西周封國之自主與交融
——周代封建性質的再檢討

王瑞傑　著

作者簡介

王瑞傑，國立臺灣大學歷史系、國立臺灣師範大學歷史研究所碩士班及博士班畢業，現於國立中央大學等幾所公私立大學擔任兼任助理教授，講授中國上古史等相關課程。專長中國上古史、禮制史、思想史及史學史等方面，在臺灣及韓國等地學術期刊發表過〈周官源流歷代考辨述要〉等多篇論文，並在博士班研讀期間獲得臺灣師範大學劉真獎學金殊榮。在歷史教育方面，曾參與教育部歷史文化學習網及高三歷史教科書編寫。

提　要

本論文的論述有兩條主軸，一是討論封國的自主，可說是屬於「政治」的層面，從第一章「封國秩序的建立與重整」及第二章「封建王權下封國之自主」等內容可以看出當時周王與封國之間地位之消長。大致來說，西周中後期的封國在內政上都能維持穩定而高度的「內自主」，如君位的繼承、土地的控制權等，但「外自主」，即與周王之間的互動關係，卻隨著王室的盛衰而有所變化。另一則討論封建性質，可說是屬於「文化」的層面，在第三章「周文化的特性與『文化殖民』」及第四章「『文化殖民』下封國之交融」，則充分論述了周人如何透過「文化殖民」的方式以達到周人政權的「長治久安」，並對於春秋時代所出現的諸夏意識所起的積極作用。這兩條主軸的關係可說是互為表裡，透過這兩個部份的討論，即可看出西周至春秋前期的封國既有政治上「自主」的一面，也有文化上「交融」的一面，而後者則跟周人「文化殖民」的政策有相當的關係。因此，在周人封建「文化殖民」的影響下，使得西周的封建制度遂具有「分化」及「同化」的兩大功用，中原地區的封國雖然是一個個「自主」的政治體，但卻又是相互「交融」的文化體，這對促進華夏民族的形成與擴大起了相當大的作用。

目次

圖　次

緒　論

一、研究動機

錢穆在《國史大綱》中曾謂「西周的封建乃是一種侵略性的武裝移民，與軍事佔領」，〔註 1〕可說是對於西周封建的本質提出了相當具有開創性的看法。不過這樣的說法似乎還不能充分地解釋何以西周的封建王權得以維持三百年之久？直到了春秋戰國時代周天子還能維持名義上的「共主」地位？證諸歷史經驗，若只是依靠「軍事佔領」是很難維持長久的體制與政權的。周人的國祚何以能夠維持數百年之久？論者或謂這是由於周人實行「宗法分封」制，在以宗法為基礎的封建體制下，遂得以鞏固周人的政權，維護周王的威望。不過，若僅靠「宗法意識」為封建的基礎果真就能維持西周三百年的封建體制嗎？再者，在「宗法意識」已式微的春秋時代，周天子又何以能在諸侯霸主的「尊王」旗幟下，仍祇維持其名義上的「共主」地位，而不為「霸主」所取而代之？這當有其它潛在的「深層因素」，「宗法分封」說似乎仍不足以充分說明這些情形。

所謂「武裝殖民」為西周封建的本質；「宗法分封」為西周封建的基礎等說法，雖對西周的「封建體制」做了合理的解釋，但卻又不夠周延而圓滿，吾人當從「整體」來考察西周封建體制的特性，畢竟「武裝殖民」及「宗法分封」都只能作部份的解釋。是故，本論文的目的即嘗試在這些基礎上，對於西周的封建性質再作一番的檢討。不過，在討論西周封建性質之前，本論文擬先對西周至春秋初期封國自主性變化的情形作番論述，以明這種現象與西周封建性質間的關係與意義。

因此，本論文將以封國為主體分兩大部份來加以討論：一是論述西周三

〔註 1〕錢穆，《國史大綱》，台灣商務，台北，民國 76 年十四版，頁 30。該書初版於民國 29 年 6 月。

百年間封國地位變化的情形，以接續到春秋初期的現象，此即爲封國之「自主」；一是探討西周封建的性質，而這也正是維持封建秩序的「深層因素」，此即爲封國之「交融」。希望經由這樣的探究，能對於我前面所提出的問題有較爲合理而周延的解釋。

二、西周封建制研究回顧

關於西周封建制歷來有相當多的討論，其側重的面向各有不同，或從政治體制，或從武裝戰略，或從經濟社會，或從文化宗教等，透過這些不同面向的討論，有助於吾人對於西周的封建制能夠有比較完整的認識。以下將針對其所側重面向的不同，擇要歸納成四個部份來加以簡述。

（一）從政治體制、政治作用的面向來看

1. 張蔭麟在其〈周代的封建社會〉一文中，對於西周的封建制有一簡要的論述，雖然其看法仍大抵不出一般對於周人封建制的認識，但作者卻也指出了周王的勢力在周初以後對於封國影響的式微：

> 封建社會的要素是這樣：名義上在一個王室統屬下的土地，事實上分爲無數小塊，每一塊有它世襲的政長而兼地主。照這界說，周代社會無疑地是封建社會。名義上，這整個的帝國都是「王土」，整個帝國裡的人眾都是「王臣」，但事實上開國初年的武威過去以後，周王的勢力大抵只及於畿內，畿外盡是自主的國。〔註2〕

不過作者在文中用「帝國」一詞來指稱西周一朝似乎不甚妥切，蓋當時

〔註 2〕張蔭麟，〈周代的封建社會〉，《清華學報》第十卷第四期，國立清華大學，北平，民國 24 年 10 月，頁 803。此外，在本文中對於王畿和封國內部的封建情形以及封國的起源也作了一些說明：「而畿內復分封許多的小君。完全歸周天子支配的只是畿內的一部分，他的食邑。列國的君主也僅以國中的一部分爲自己的食邑，其餘分封給許多數的小君。畿內和列國內的小君各在其封地內征斂賦稅、役使人民蓄養私兵，辟置僚屬，並且建築都城。這寶塔式的一班有土者，其勢力的大小不必與地位的尊卑相稱。他們的勢力每視乎領地的廣狹饒瘠而殊。他們的領地有增減，他們的勢力也有升降。列國就其起原可分爲三類。第一類是克殷之初周王把新征服的土地分給他的宗親和姻戚而建立的。……此類的國當中，如齊、魯、晉，終春秋之世對王室保持休戚相關的態度。……第二類是由王室劃分畿內土地而建立，其出現遠在第一類之後的。屬這一類的有秦、鄭。這兩國和王室雖然地域上很接近，感情上卻日漸疏遠。第三類是先朝的殘餘和本來獨立的國家，始終未曾爲周室征服過，卻受過周室的羈縻的；前者爲宋後者如徐、楚等。」頁 803～804。

周天子乃爲天下的「共主」，地方上是「封疆裂土」後具有相當自主性的封國，與周天子是一種權利義務關係的聯結，因此用「帝國」一詞來指稱西周的政體似乎有待商榷。

2. 楊善群對於西周封建制的作用有如下的看法：

> 綜合許多歷史資料來觀察，西周實行分封制，其目的應該是這樣幾個：第一，建立藩屏，衛護王室。第二，穩定政局，鎮撫各族。第三，抵禦外侮，鞏固邊防。〔註3〕

基本上作者是從政治的目的上來解釋西周封建制的作用，這樣的看法只是延續傳統的舊說罷了。不過，作者所提出西周分封制的三點目的倒是呼應了錢穆所提的「武裝殖民」的看法。

3. 黃中業認爲西周的分封制是其國家政體，透過這種政體以實行等級隸屬有限的地方自治：

> 西周王朝的分封制度，才是它的國家政體。這一政體的首要內容，是在各級國家政權機關中實行君主制度；其基本原則，是在各級政權關係上實行等級隸屬；而本質特徵，則是地方政權在上級政權的隸屬下實行有限的地方自治。〔註4〕

用當代政治學的術語來解析西周封建制的內涵可說是本文的特色，以科際整合的方式來審視歷史上的制度可說是拓展了歷史研究的視野，在方法上頗值得肯定。

4. 郝鐵川亦使用了政治學的術語與觀念來解析西周封建制下的國家結構，在其〈周朝國家結構考述〉一文中即提出了以下的看法：

> 周朝國家結構的兩種形式：地方自治和地方分權。前者是和周族異姓的部族，周朝建立前即擁有一定地盤和政治獨立，周朝建立後，政治上表示臣服、經濟上納貢，內政基本獨立，享有較大的自主權。後者是周族的分支，是周朝抵禦異族侵擾、防止內亂而設置的，內政基本受周朝控制，但亦有一定的自主權。〔註5〕

〔註 3〕楊善群，〈關於西周分封制的幾個問題〉，《複印報刊資料——先秦、秦漢史》，中國人民大學書報資料社，北京，1984 年 7 月，頁 28。

〔註 4〕黃中業，〈西周分封制是國家政體說〉，《史學月刊》第二期（總 154 期），河南人民出版社，鄭州，1985 年 3 月，頁 11。

〔註 5〕郝鐵川，〈周朝國家結構考述〉，《華東師大》第二期（總 70 期），華東師範大學出版社，上海，1987 年 4 月，頁 75。

作者以周族異姓部族和周族分支爲依據來作爲「地方自治」和「地方分權」的兩類封國形態，藉此以闡明西周的國家結構，不過這樣的分類方式是否充分而允當，仍需要再加以深入討論的。

5. 匡亞明的看法亦根據傳統的說法而加以闡明，認爲西周的封建是「分封、宗法、等級三位一體的社會結構和政治結構」。〔註6〕

（二）從武裝戰略的面向來看

錢穆對於西周的封建有如下的看法：

> 西周的封建，乃是一種侵略性的武裝移民，與軍事佔領。與後世統一政府只以封建制爲一種政區與政權之分割者絕然不同。因此在封建制度的後面，需要一種不斷的武力貫徹。〔註7〕

這樣的說法道出了西周封建制的本質，而杜正勝則在此觀點的影響下，也提出了同樣的看法：

> 西元前十一世紀下半葉，周民族取代殷人爲天下主，隨而周公東征，摧毀殷商及其同盟淮夷的殘餘勢力，便在全國要衝建立武裝殖民地。〔註8〕

杜正勝「武裝殖民」說的背後，同時也反映了西周政權建立之初的不穩定性，以少數民族要統治廣土眾民的東方殷遺及舊有的方國勢力是有其潛在的危機，因此，此說或可用來了解西周實行封建制的本意。而在「武裝殖民」說的基礎之下，杜正勝於〈周代封建的建立〉一文中又提出了周人「四個據點三道防線」的看法：

> 周公鎮服東方的策略是建立四個據點三道戰線，以天下樞紐的成周

〔註6〕匡亞明，〈西周領主制封建社會的主要特徵〉，《複印報刊資料——先秦、秦漢史》，中國人民大學書報資料社，北京，1987年10月，頁11。

〔註7〕錢穆，《國史大綱》，頁30。

〔註8〕杜正勝，〈周代的武裝殖民與邦國〉，《大陸雜誌》第四十九卷第六期，大陸雜誌社，台北，民國63年12月，頁5。在本文中，其有關的看法還有如下：「……周初營建的殖民據點是可以遍布當時中國的要津了。……京畿附近雖有封邑，治下之民是周人，並不具有武裝殖民的性質。殖民地在東方，其土本非周人所有，其民亦與周人不類，才有武裝統治的必要。周民族及其同盟在被征服部族的領地上建立新政權，沒有武力做後盾是支持不住的。……殖民營國之要務是建立軍事據點，以統治土著民族，古書名之曰『城』。因爲四下統治的都是懷抱敵意的異民族，周人統治者是少數民族，不得不以堅固的城壘自保，以強銳的武力鎮壓。……論者通常說的周人『封建』，本質上正是武裝殖民，而殖民的基礎則在氏族宗法。」頁5～6。

> 爲東進的大本營，以大小東的尾閭衛爲支援東進的補給站，以東人舊地的齊魯爲東進的前哨，輔以梁山和郿城，於是小東、大東都在囊括之內，又可北上燕冀，南下徐淮江漢。第一線是齊魯，第二線是朝歌，第三線是成周，魚次捍衛宗周。〔註9〕

作者以戰略的觀點來看待西周封建的性質頗能呼應錢穆的「武裝殖民」說，然細究起來，仍有需要補充之處，如位於南方的「漢陽諸姬」是否也應該有類似東土的戰略佈署？藉由戰略的手段眞能維持西周三百年的封建秩序嗎？這些似乎仍有討論的空間。

（三）從經濟、社會的面向來看

1. 曾謇利用文獻與銘文的材料，在〈周代非封建社會論〉中提出了不同角度的看法，其內容大要如下：

> 周的分封的事實是存在的，但這只是一個極大的氏族聯盟分化到部落佔據的現象。……周室非但未曾建立起一個封建的國家而只是居於氏族聯盟長的地位。而且他這個盟長的地位在古代也並非唯一的存在。……只不過周室所領袖的這個氏族聯盟，在當時的地理上經濟上以及武力上較爲優越與強大罷了。〔註10〕

上文作者認爲周代封建制的性質是氏族聯盟的分化與擴展，因產業發展的需要而形成的一套制度，而且周天子亦非當時唯一的盟長。依其意，似乎西周的封建體制是相當鬆散的，甚可說是一種「無政府」的狀態，但事實上是西周有相當嚴謹的一套禮樂制度，規範了各階層該有的分際而不可任意逾越，而且周天子對於其轄內的列國諸侯仍具有相當的影響力與約束力，從西

〔註9〕杜正勝，〈周代封建的建立——封建與宗法（上篇）〉，《中央研究院歷史語言研究所集刊》第五十本第三分，中央研究院歷史語言研究所，台北，民國68年9月，頁490。

〔註10〕曾謇，〈周代非封建社會論〉，《食貨》第三卷第十期，新生命書局，上海，民國25年4月，頁7、8、11。作者對於西周封建的特性尚有如下的論述：「……周初土地的擴大與分佔以及子弟的分封，在社會的組織方面來看，便是從氏族發展到家族的現象；在產業的性質方面來看，便是從遊牧時代發展到農業時代的情形。在樣經濟動力下面，發展出周代的社會形態，所謂『分封』，所謂『封建』，就是這樣形成的。但這並不能說是封建社會。……自西周以降，周室的地位，實際就是這樣一個氏族聯盟長的地位。由同姓分化的氏族部落，牠以血緣爲眞實紐帶而取得一種宗主權，由異姓分化的氏族部落，牠以婚姻爲眞實的紐帶而保持前此的盟主權。這便形成了所謂王室的主權。」頁7～8。

周末年「烽火戲諸侯」的典故中，亦可看到即使昏昧如幽王其共主的地位仍相當高，即使到了春秋時代的霸主，仍打著「尊王」的旗號以齊一諸夏的向心力，並以此作爲其霸主地位取得的正當性，可謂延續了西周封建的精神。

2. 齊思和對於西周封建制度的基礎強調植基於「農業經濟」之上，而其特點在於「田制」，其看法大略如下：

> 封建制度之特徵何在？此可分政治、經濟、社會三方面言之。在政治方面，封建社會最重要之特色爲中央政權之微弱，地方政府之專權，與夫公法與私法之混合。……此種政治組織之經濟基礎爲農村經濟。封建制度之經濟特點不在其生產方法而在其田制。……一切地權皆由受封而來。……封建制度下之社會層亦由其田制定。……故封建社會大別言之，可分貴族與庶人兩大階級。〔註11〕

齊思和在本文中主要從經濟的觀點來探討封建制實行的基礎，即從土地的分配方式來強調周代封建制度中的階級關係、權利義務形成的根本因素，「其社會階級，即根據其地權而分」。〔註12〕作者認爲「經濟因素」決定了西周封建制所以能夠實行的堅實基礎，這樣的論點對於以農業爲基本生產方式的西周而言，可謂是相當中肯的看法，畢竟在農業經濟之下，土地是一切生產的根本，「有土斯有財」，對當時的西周王室而言，透過土地分配的權力及方式，來奠定其「率土之濱，莫非王土」的共主地位，並進而產生彼此間權利義務的關係，以這樣的角度來認識西周封建制的基礎，可謂反映了相當程度的現實，而這也是了解西周封建制不可忽視的因素。

〔註11〕齊思和，〈封建制度與儒家思想〉，《燕京學報》第二十二期，燕京大學，北平，民國26年12月，頁177～179。此外，作者在本文中亦提及了周代實行封建制的原因，其看法仍不出傳統以來的見解：「……周初實行封建制度之原因，一方面或係承繼岐周與商之舊法，一方面殆亦以幅員之廣闊，交通之不便，新經克服氏族統制之不易，與夫當時政治組織之簡單，具非中央集權制度之所可應付。同時周之剪殷，亦非一時之功。……當其每克一地，即以之封其親信以便鎮懾土人，兼併鄰國。周室之封建親戚，一方面固起於蕃屏王室之政治目的，一方面亦由於周室之宗法制度使然。……此爲殷、周制度根本不同之點，亦中國封建制度異於西洋之點也。」頁180～181。不過筆者以爲，西周之所以實行封建制，蓋因當時還未發展出成熟的郡縣制，這套制度是經過長期發展而來的結果，以當時中國政治、文化發展情況來看，似乎並沒有實行的條件；西周封建制的出現或許可視爲中國長期政治、文化發展過程中的一個「過渡性階段」吧。

〔註12〕同上文，頁199。

3. 江鴻認爲西周施行封建的本意是爲了開發土地，同時亦述及了封建制的實施的成果，其內容大要如下：

> 武王創立封建制度之動機：……將周室開田建邑的政策，全面推行到每一角落。……茲分述封建制度實施後之各項成果如下：一、由行國轉爲住國，奠定漢族農業大國之基礎。二、由個體生活演進到集體社會。三、同化了四夷並擴大了中華民族。四、由諸侯兼併證明封建制度之成功。〔註 13〕

作者從土地開發的角度來解釋周初實行封建的本意，擺脫了傳統以來對於西周封建制的認識，其看法雖甚有見地，但文中所用的佐證材料卻相當有限，多是作者個人推論之語，就這方面來看，作者的解釋仍有需要尋求更多的材料來加以印證，不過其所提出的見解，卻提供給吾人不同的思考觀點。

（四）從文化的面向來看

1. 楊亮功從政治與文化的角度來看待西周封建制的作用，其看法大致如下：

> 周代封建制度是由聯邦式制度演變而來。……其將姬姓宗親與舊有部落或諸侯摻雜分封，在政治上便於箝制。在文化上則在於溝通同化。故周代封建制度之建立，實與宗法制度相配合。……周代以此大家族制度爲基礎的封建制度，在政治上結合各民族而成爲大一統的民族，在文化上融合各民族文化而成爲大一統的文化。〔註 14〕

〔註 13〕江鴻，〈試解「井田、邑、封建」之謎〉，《東方雜誌》第二十一卷第八期、第九期，台灣商務，台北，民國 77 年 2、3 月，頁 48、51、52。關於周人實行封建制的本意在於開田建邑，在本文中還有如下的論述：「……而原來各地的小氏族，對此一無所知，更無經驗，怎能擔此重任？因此便由對此有經驗及認識的姬姓宗室及周室臣民中去找。同時兼顧當時的習俗，必須保留過去歷代統治者之宗嗣，亦應封土，在決定設置一千八百諸侯之後，便選定將周室宗親及功臣分散各地，以便就近示範。……同時武王深知當初他曾祖開闢岐山成功的辦法，由十室開邑起步，兩年即可有成，不過古公亶父遷岐時有三千户隨去，如今周室天下則有三四百縣的地面，人口則全部不過兩百萬，乃以古公亶父最初的辦法爲基礎，比照人口及土地面積，制訂了封建制度。……事實上封建工作早在西周結束之前便已因工作完成而自然停止。……諸侯開始兼併之日，亦即封建制度實施有了效果之時，否則甲諸侯在未將全部封土開發完成後，人口未膨脹到必需就食外方之前，何必侵佔乙、丙乃至十多個其他諸侯？」頁 48～50。

〔註 14〕楊亮功，〈周代封建制度對于政治文化所生之影響〉，《大陸雜誌》第五十七卷

楊亮功認爲西周的封建制有箝制及同化的作用，於箝制，則便於周天子的統治；於同化，則可促進民族文化的融合，同時配合宗法制，使其在文化上、政治上均達到其同一性。這般的論述，對於解釋春秋諸夏意識之所以形成，似乎有相當的啓發性，即是封建制的作用，在相當的程度上促成了民族及文化的融合，從這個角度來看，封建制雖是一種政治制度，然其配合宗法制的實施，使其卻具有了文化的作用與價值，從這角度來看則可見封建制在中國歷史發展上所具有的作用與意義。引用材料不多及論述不夠深入是其較爲不足之處，不過其觀點卻有相當的啓發性。

2. 陳錦忠以宗教的角度來了解西周封建政治的基本性格，在其〈西周史官制度成立的背景與基礎——兼論西周封建政治的基本性格〉一文中有如下的看法：

> 基本上，有周一朝在政治結構上最主要的表徵，莫過於封建制度的成立。而封建政治的基本性格，根據前面的分析，其於宗法親戚這一環，一般說來是建立在以「尊祖」、「敬宗」這種宗教意識衍生而成的宗法系統上，因此其維繫的力量，自也就有賴於宗廟的建立與祭祀所產生出來的精神力量；而非姬姓親戚這一類，則是以「天命」做基礎來進行褒封的，因此受封的國，若以「五服」說做基準，其對周王室所要盡的義務之一，殆在日祭、月祀、時享、歲貢、終王這種不同等差的宗教義務。是故，周室封建政治的基本性格，不論是就宗法親戚這一環、或非姬姓親戚這一類的成立與維繫方式觀之，殆皆具有祭政的性格。〔註 15〕

作者認爲周王室透過宗教的意識、義務以及祭祀所產生的精神力量來維繫西周的封建制，其封建的本質具有「祭政」的性格。從宗教的角度來解析西周封建制的基本性格，似乎亦體現了當時封建制施行的另種面貌，「國之大事在祀與戎」，由這個角度來看，則宗教活動於封建制的維繫應該是起了相當的作用，在當時，宗廟祭祀活動有政治地位的象徵意義，有權利義務的形式表徵，其中的「典制」即反映了「君臣」之間的關係，可說是封建階級關係

第六期，大陸雜誌社，台北，民國 67 年 12 月，頁 1。

〔註 15〕陳錦忠，〈西周史官制度成立的背景與基礎——兼論西周封建政治的基本性格〉，《東海大學歷史學報》第三期，東海大學歷史系，台中，民國 68 年 7 月，頁 7。

的一個縮影。據此，從「祭政性格」的關係來認識西周封建制的基本性質，可說是道出了封建制的部份面貌。

綜觀以上各位學者的研究，其對於西周封建制的性質、作用、目的、成果、影響等，多從不同的角度來加以論述，如政治、經濟、社會、文化、軍事、宗教等，這些研究除了有些沿襲傳統舊說之外，有些則具有相當的啓發性，對於西周封建制的內涵，提供了吾人多面向的認識與思考。

三、本文章節架構與研究取徑

本論文共分四章八節，前面兩章論述西周至春秋前期封國「自主」的情形。第一章討論先周至西周成康時期，封國自主的情形。第二章則論述從西周昭穆時期到春秋齊桓公稱霸爲止的這段期間封國自主性地位變化的情形。後面兩章則是探討西周封建的性質，在本文中個人提出「文化殖民」的概念，認爲西周封建當有「武裝殖民」及「文化殖民」的雙重性質。在第三章中，介紹殷周文化的傳承關係並對周人「文化殖民」的內涵與作用加以論述。第四章則討論「文化殖民」在西周封國所施行的情形，同時並論及春秋時期「諸夏意識」所形成的「文化」基礎。

本論文的論述有兩條主軸，一是討論封國的自主，可說是屬於「政治」的層面；另一則討論封建性質，可說是屬於「文化」的層面，這兩者關係可說是互爲表裡，透過對這兩個部份的討論，即可看出西周至春秋前期的封國既有政治上「自主」的一面，卻也有文化上「交融」的一面，而後者則跟周人的「文化殖民」有相當的關係。不過，在這裡需要對本論文所論述到的幾個名詞定義作一番的釐清。

首先是關於「封建」與「分封」這兩個名詞。在有些學者的行文中，對這兩者大都無甚區別，不過，筆者認爲這兩者的意涵若從歷史現象發展的角度來看是有所不同的。「封建（制）」是一種「地方分權」的政治形態，而與其相對的則是「中央集權」的「郡縣」制。「分封（制）」則是一種儀式化的胙土、授民、命氏及頒賜禮器物品的冊命過程。因此，「封建」可視爲是一種國家的「政體」，而「分封」則是包含在「封建政體」中的一種儀式、制度。是故，商、周雖同樣是「封建」體制的國家，但由於彼此在「分封制」內涵的不同，使得商、周的封建體制在本質上有些差異，因商人未有如周人「儀式化」的分封過程，因此反映在天子權威上即有所不同，即商王是諸侯之長，而周王卻是諸侯之君（詳見以下章節的討論）。另外，周人的封建體制是宗法與分封的結合體，而商人則否，因此使得商、周封建體制的內涵亦有所不同。由以上的論述可知，從歷史現象的發展來看，「封建」與「分封」的意義是有所不同的。

其次是「自主」的意涵。本論文所指封國之「自主」，蓋有兩種層次，一是指封國內政之自主，本文將它稱之爲「內自主」，這大體上主要是由周王賦予封國的權力而有之；一是指封國對外的關係，包括封國與周王、封國與封國等，本文將之稱爲「外自主」，不過本文中所謂封國之「外自主」並非由周王所賦予，而是隨著王室權威興衰起落的變化而形成。前人在討論到封國的「自主性」時，大都是就其內政而言，而本文爲了能更細緻地探討當時封國「自主性」地位變化之內涵，故將之區分爲如前所述的兩個部份，但較著重於「外自主」的部份，希望藉由討論封國對外關係的互動演變，能夠更清楚而全面地了解封國自主性地位變化的情形。

最後則是「文化」一詞。從「文化」眾多的定義來看，〔註16〕可見文化的涵蓋面相當廣泛，舉凡人類所創造的一切均可視之爲「文化」，而其定義也因學者所採的角度的不同而有所差異。不過，在本文中所指涉的「文化」主要是指與政治的關聯性較強的「制度面」與「思想面」這兩個部份而言。因此在論及到殷周文化傳承及「文化殖民」的章節時，將著重於「制度」與「思想」面的論述。雖然其它的文化因素，對政治也能起一些作用，例如「文字」，不過，「制度」與「思想」對人心比較能起直接而長期的作用，因此也就比較能達到政治上的效果，是故，本論文在第三、第四兩章中所提到「文化」一詞，係主要針對「制度」與「思想」這兩個部份來作論述。

〔註16〕「由於『人類學』、『文化學』的發展，全世界關於『文化』這一概念的理解據統計有一百多種。學者們從不同角度來界定『文化』，大致又可分爲以下幾類：第一類觀點將文化定爲人類創造的一切成果，如泰勒認爲：『文化或文明，就其廣泛的民族學意義來說，乃是包括知識、信仰、藝術、道德、法律、習俗和任何人作爲一名社會成員而獲得的能力和習慣在內的複雜整體。』第二類觀點將文化理解爲人類的能力，如斯塔姆勒認爲：『文化不外是在正常的途徑上發展的人類的能力』。第三類觀點認爲文化屬於精神現象，培根指出，文化是民族精神的表現。被克哈特認爲，文化是一切精神的發展的總和。第四類觀點認爲文化是人的行爲及其構成總和，梁漱溟先生在其名著《東西方文化及其哲學》中說：『文化並非別的，乃是人類生活的樣法』。」見徐良高，《中國民族文化源新探》，社會科學文獻出版社，北京，1999年，頁19。

第一章　封國秩序的建立與重整

本章的主旨在於論述西周早期的封建形勢，藉此以明瞭自武王至成康時期封國與王室關係變化的情形，同時亦論及了先周時期周人興起的概況。希望藉由這樣的討論，能對於周初王權以及封國自主的情況有一清楚而扼要的認識。

第一節　周初封國與新興王權

史載武王於牧野一戰大敗殷紂，「武王至商國，商國百姓咸待於郊」，〔註1〕周人取代了商人而成爲天下的共主，建立了新興王權。然而就在其舉事的前兩年，武王即曾興師盟津，「是時，諸侯不期而會盟津者八百諸侯」，〔註2〕卒因「天命未可知」而還師歸。〔註3〕

這次的盟津之會史稱有「八百諸侯」前來共襄盛舉，當時是否眞有「八百國」之多？「證之後來牧野之戰的兵力及同盟軍只有西土八國，孟津之會八百國之說大爲可疑」。〔註4〕儘管「八百國」之說或有誇大之嫌，不過卻也

〔註1〕《史記．周本紀》，鼎文，台北，民國82年，頁124。

〔註2〕史記．周本紀》，頁120。

〔註3〕關於此次會師的性質，楊寬認爲：「這次武王觀兵至於盟津，是約期會盟性質，西漢〈泰誓〉所說『不期而會』，當然不是（足？）信。」詳見楊寬，《西周史》，台灣商務，台北，1999年，頁79～80。

〔註4〕許倬雲，《西周史》，聯經，台北，民國73年，頁88。另據《史記．周本紀》所載，當時武王的兵力爲戎車三百乘，虎賁三千人，甲士四萬五千人；西土八國是指庸、蜀、羌、髳、微、纑、彭、濮等國。至於同盟軍是否只有西土八國，據《尚書．牧誓》所載：王曰：『嗟！我友邦冢君，御事、司徒、司馬、

反應了周人的勢力從「小邦周」發展至武王時已形成了「三分天下有其二」的局面，周人東進運動發展至此，周族與商族之間的衝突似乎已出現一觸即發的態勢了。

然而武王「翦商」的實力並非一朝一夕所能形成，而是經由數代的苦心經營才得有今日，誠如司馬遷所言：

> 昔虞、夏之興，積善累功數十年，德恰百姓，攝行政事，考之于天，然後在位。湯、武之王，乃由契、后稷脩仁行義十餘世，不期而會孟津八百諸侯，猶以爲未可，其後乃放弒。……以德若彼，用力如此，蓋一統若斯之難也。〔註5〕

信哉斯言！武王之所以能克商而成爲天下的共主，其成就之所由當從其「先公先王」開始談起。不過囿於史料的殘缺，關於周的「先公先王」事蹟，近數十年來雖有「先周考古」之進行，但所獲仍難有所突破，我們仍只能從吉光片羽的文獻史料中加以推敲而一窺其梗概。

一、周族之興起

周人的始祖爲后稷，〔註6〕在《詩經．生民》對於周族的起源和后稷的故事有如下的記載：〔註7〕

> 厥初生民，時維姜嫄。生民如何？克禋克祀，以弗無子。履帝武敏歆，攸介攸止；載震載夙，載生載育，時維后稷。……誕后稷之穡，有相之道。茀厥豐草，種之黃茂。實方實苞，實種實褎，實發實秀，實堅實好，實穎實栗，即有邰家室……。〔註8〕

司空、亞、旅、師氏、千夫長、百夫長，及庸、蜀、羌、髳、微、盧、彭、濮人。稱爾戈，比爾干，立爾矛，予其誓。」（《尚書》，《十三經注疏》本，藝文，台北，民國86年，頁158。）於前文中武王依與誓者的身份依序稱「我友邦冢君」、「御事」、「師氏」、及「庸、蜀、羌、髳、微、盧、彭、濮人」等。從「我友邦冢君」及「庸、蜀、羌、髳、微、盧、彭、濮人」兩者分別的稱呼看來，「盟軍」應該不僅只有「西土八國」而已。

〔註5〕《史記．秦楚之際月表》，頁759。

〔註6〕清．崔述：「周何爲始於稷也？稷播種以開周，故敘文武之政必追述之，猶商之始於契也。」見氏著《考信錄．豐鎬考信錄自序》，世界，台北，民國78年，頁1。

〔註7〕另《詩經》中歌頌后稷之文，亦見於〈周頌．思文〉、〈魯頌．閟宮〉等。

〔註8〕《詩經．大雅．生民》，《十三經注疏》本，藝文，台北，民國86年，頁587～593。

上文所述反映出先周族人三個歷史意義：一、在后稷之前周人應是屬於「有母不知有父」的母系社會形態，〔註9〕雖說「履帝武敏歆」而「載生載育，時維后稷」之事從後人眼光視之，頗爲荒誕不經，但這樣的記載頗符合民族學上對原始初民社會的認識，因此這段記載應仍有其相當的史料價值；二、后稷既成爲周人始祖的代表，而其又具「有相之道」的農業天賦，反映出周人自其先祖以來即是一個擅長農業的族群而且是以農業爲本的經濟型態，因此農業可說是周人賴以生存的經濟命脈。三、后稷既「即有邰家室」，則「邰」當被周人視爲其發祥地。「邰」 的地望何在？依照傳統的看法，齊思和以爲在今陝西渭水中游之武功；〔註10〕另一則爲錢穆所提的新說，主張在今山西汾水下游之聞喜，〔註11〕不過齊思和對這樣的看法頗爲質疑。 二說雖均以歷史地理沿革的角度來考察而成一家之言，然從今日的考古資料來看，二說也都各有其支持的證據，〔註12〕不過隨著更多相關考古資料的出土，「邰」地的地望將能夠形成一致的看法。〔註13〕

后稷興起於何時？《尚書・堯典》中，舜命棄，「汝后稷，播時百穀。」〔註14〕而《國語・周語上》：

昔我先王世后稷，以服事虞、夏。〔註15〕

另《史記・周本紀》：

〔註9〕有關「母系社會」之說，參李宗桐，《中國古代社會史》，中國文化大學，台北，民國76年四版，頁84。

〔註10〕齊思和，〈西周地理考〉，《燕京學報》第三十期，燕京大學，北平，民國35年6月，頁70～72。

〔註11〕錢穆，〈周初地理考〉，收於《古史地理論叢》，三民，台北，民國71年，頁11～27。

〔註12〕有關邰地地望的考古資料，一以陝西武功附近的鄭家坡村遺址爲代表，是以陝西客省庄二期文化爲基礎所發展起來，是爲陝西「土著」說；一以山西的光社文化爲代表，是爲從山西「遷入」說。（詳見王宇信，《中國小通史——西周》，中國青年出版社，北京，1998年，頁72～77。）另外，「關於周族的起源和周文化的淵源，目前學術界存在著武功說、涇河上游說、山西說、甘青說、陝西說、多源說、黃土高原說和豫西說等八種觀點。」（有關的討論詳見李民、張國碩，《夏商周三族源流探索》，河南人民出版社，鄭州，1998年，頁106～117。）

〔註13〕有關這兩說的學術論辯，詳見王仲孚，〈試論周人先世傳說與先周考古〉，收於《中國上古史專題研究》，五南，台北，民國85年，頁586～587。不過，目前「陝西」說已逐漸成爲學術界的共識。

〔註14〕《尚書・舜典》，《十三經注疏》本，頁44。

〔註15〕《國語・周語上》，上海古籍出版社，上海，1995年，頁2。

帝舜曰：「棄，黎民始飢，爾后稷播時百穀。」封棄於邰，號曰后稷，別姓姬氏。后稷之興，在陶唐、虞、夏之際，皆有令德。〔註16〕

清人崔述亦就《尚書．堯典》中「岳牧與稷、契等之區別」提出以下的看法：

四岳十二牧皆舊官；以舜新即位，故申儆之，使敬厥職也。舊官，故書其官於前而曰「詢」曰「咨」，見其非新命也。然則稷、契、陶之非舊官可知矣。〔註17〕

從上文綜觀來看，棄至晚應當在虞舜之時爲后稷之官，同時亦爲邰地姬姓族人的氏族長，周人立「國」之基應自此始，只是當時「周」的族號尚未出現，傳統的說法以爲周人遷至岐山下的周原後才以此爲號。而從棄開始，以邰地爲發祥地的姬姓氏族大體而言是以「以小事大」的姿態與先後興起的夏、商兩大氏族有所來往並服事之，直到武王克商以後，周人才由「小邦周」而成爲「大邦周」。

棄之後的世系爲何？據《史記．周本紀》的記載，自后稷至武王共十五世，但竟能與夏商兩代共三十一世的時間相當，若非周人先公先王每人的年壽特高，則其在總積年上怎能與夏商兩代相等？因此，「周人傳說的早期『世系』，可能由於不窋『奔戎狄之間』而模糊，它的眞正譜系應較〈周本紀〉所載爲長才是」，〔註18〕這應是對先周世系較爲中肯的看法。

再者，據《國語．周語》所載：

昔我先王世后稷，以服事虞、夏。及夏之衰也，棄稷不務，我先王不窋用失其官，而自竄于戎、狄之閒。〔註19〕

文中謂「昔我先王世后稷」，其「世后稷」蓋謂其先「世代」爲后稷，直至夏衰，不窋才失其官，因此從《國語》所載來看，〈周本紀〉中「后稷卒，子不窋立」的「后稷」可能非指棄，或是指棄之後代子孫任后稷官者，如崔述即曾謂：

不窋之父乃棄之裔孫襲爲后稷者，不窋非棄子也。《國語》所謂「夏衰」，蓋謂孔甲以後；謂在太康之時誤矣。〔註20〕

從以上崔述所言或可用來說明先周早期世系的「模糊」之處。

〔註16〕《史記．周本紀》，頁112。
〔註17〕清．崔述，《考信錄．唐虞考信錄卷之二》，頁33。
〔註18〕王仲孚，〈試論周人先世傳說與先周考古〉，頁589。
〔註19〕《國語．周語上》，頁2～3。
〔註20〕清．崔述，《考信錄．豐鎬考信錄卷之一》，頁5。

不窋以上的先周世系既已渺茫難稽，而以下的世系雖然在〈周本紀〉中有完整的記載，不過其事蹟見諸於文獻者仍相當有限，所能見者惟不窋、公劉、公亶父、〔註 21〕季歷及文王而已，而留下的多是關於遷徙或勢力擴張的事蹟。

「我先王不窋用失其官，而自竄于戎、狄之閒」是文獻所見自棄以來周人的首度遷徙，其時間如前所述，應約在夏代晚期孔甲之時，當時不窋遷徙的背景可能是「帝孔甲立，好方鬼神，事淫亂。夏后氏德衰，諸侯畔之」，〔註 22〕使得不窋只好「用失其官，自竄於戎、狄之間」。而「戎、狄之間」所在的地區爲何？《史記正義》引《括地志》云：「不窋故城在慶州弘化縣南三里，即不窋在戎狄所居之城也。」〔註 23〕據其所述當在今甘肅慶陽縣。〔註 24〕雖然當代的學者對於確實的地點看法有些分歧，不過大致上仍多主張在甘肅省東部地近陝北的慶陽附近一帶。

雖然有關不窋奔戎、狄前後的實況，不見文獻的記載，但以當時的情況來看，可能因孔甲「好方鬼神，事淫亂」，使得不窋無法在其「后稷」的官位上有所發揮，同時由於「諸侯叛之」，天下失序，使得原先不窋所居之地可能亦受到波及，故必需放棄其居地而遷徙於今隴東一帶，不過卻不當將其視爲「戎、狄之人」，誠如《史記》張守節《正義》所言：

> 秦祖非子初邑於秦，地在西戎。楚子鬻熊始封丹陽，荊蠻。吳太伯居吳，周章因封吳，號句吳。越祖少康之子初封於越，以守禹祀，地稱東越。皆戎夷之地，故言夷、狄也。〔註 25〕

〔註 21〕崔述以爲：「古公亶父者，猶言昔公亶父也。公亶父相連成文，而冠之以古，猶所謂公劉、公非、公叔類者也。故今以公季例之，稱爲公亶父云。」同上，頁 10。

〔註 22〕《史記・夏本紀》，頁 86。今本《竹書紀年》亦有相類的記載：「王好事鬼神，肆行淫亂，諸侯化之，夏政始衰。」不過王國維認爲今本《竹書紀年》所載「略本《史記・夏本紀》」。見王國維，《今本竹書紀年疏證》，收於《竹書紀年八種》，世界，台北，民國 78 年，頁 314。

〔註 23〕《史記・周本紀》，頁 113。

〔註 24〕齊思和，〈西周地理考〉，頁 74。另外丁山主張「不窋故城」在「甘肅省安化縣南尉李故城」；穆長青認爲在「甘肅省慶陽縣、寧縣一帶」；胡謙盈也認爲在「甘肅省慶陽縣境內及其附近」。（王仲孚，〈試論周人先世傳說與先周考古〉，頁 590。）另錢穆主張：「古者晉地自汾水上流，太原晉陽固皆戎狄也。」（見氏著，〈周初地理考〉，頁 29。）

〔註 25〕《史記・天官書》張守節《正義》，頁 1345。

秦、楚、吳、越等國被中原各國視爲「夷、狄」，蓋因其所居地而言，而非其先爲夷、狄之屬，因此彼時的周人亦是同樣的情況。再者，當時周人已是長期從事農業的族群，且在虞、夏之時世居農官，周人文化應受其相當的影響，其文化水準應該不低才是，因此若以戎、狄視之，則對先周文化的認識可能會失之偏頗。

公劉，應約當商代中期時人，〔註 26〕「篤公劉，于豳斯館」〔註 27〕是文獻所見周人的第二次遷徙，在《詩經・公劉》篇中詳述了這次遷徙的情形，而由這個詩篇中可以看出以下的意義：

一、從周族在遷徙前能夠儲備豐盛的糧食來看，當時周人的農產量應相當的豐富，如詩中所言：「篤公劉，匪居匪康，迺埸迺疆，迺積迺倉。迺裹餱糧，于橐于囊，思輯用光。」；既然農業是周人重要的經濟命脈，尋找土地肥美而又水源充足的地方，當是周人所積極「廬旅」的目標，而「豳」地即是其最後的擇定之地：「篤公劉，于豳斯館。……止旅乃密，芮鞫之即。」

二、詩中所透露有關「軍事」方面的字句，是否已隱含這次的遷徙或許已具有「武裝殖民」的性質，〔註 28〕開始了周人「武裝殖民」的先聲？如「弓矢斯張，干戈戚揚，爰方啓行」敘述了公劉在遷徙前所做的「軍事」準備，

〔註 26〕《史記・周本紀》云：「不窋卒，子鞠立。鞠卒，子公劉立。」不過，許倬雲在《西周史》中謂：「公劉到文王的父親季歷時，周人經歷了四百年左右，如以《竹書紀年》及《後漢書・西羌傳》所載，殷王武乙與周人古公亶父同時爲基點，公劉至古公有十一代，與殷商世紀相比，公劉應該約略相當於商代『九世之亂』的尾聲，盤庚遷殷的前夕。」（見氏著《西周史》，頁 33～34）。楊寬在其所著《西周史》亦云：「關於公劉所處的時代，有人說與夏桀同時，這個說法不可信。上面我們已經分析，『公劉避桀居豳』之說出於附會（作者在其書的本段前文中認爲：從〈公劉〉這首詩的內容來看，沒有一點像避亂、避難的樣子）。從公劉到文王的世系只有十一世或十三世來看，應該已在商代中期了。」（見氏著《西周史》，頁 28、32。）因此，〈周本紀〉所載有待商榷。有關先周世系的討論至今仍眾說紛紜，莫衷一是，現暫從許倬雲、楊寬等人的說法。

〔註 27〕《詩經・大雅・公劉》，《十三經注疏》本，頁 621。不過《史記・周本紀》所載卻是「公劉卒，子慶節立，國於豳。」今從〈公劉〉。

〔註 28〕杜正勝認爲：「這種武裝殖民不限於周初，可以下延至西周之季，上推到周族之始。」「他（指公劉）的遷徙就是周族早期武裝殖民的一箇典範」「周初豪賢特別歌詠先公中的公劉，似追思其武裝殖民的典範，用以激勵當代的殖民精神。」詳見杜正勝，〈周代封建的建立——封建與宗法（上篇）〉，《中央研究院歷史語言研究所集刊》第五十本第三分，中央研究院歷史語言研究所，台北，頁 486～488。

據《毛傳》：

張其弓矢，秉其干戈戚揚，以方開道路，去之豳。〔註 29〕

又《鄭箋》言：

公劉之去邰，整其師旅，設其兵器，告其士卒，曰爲女方開道而行。〔註 30〕

由《毛傳》及《鄭箋》所言來看，這次的遷徙應有其相當的軍事規模與準備，否則如何能保全族人「開道而行」？再者，「篤公劉，于京斯依。蹌蹌濟濟，俾筵俾几。……食之飲之，君之宗之。」文中「君之宗之」若釋爲公劉遷徙於豳地一帶以後，被「異姓之臣尊之爲君上，同姓之臣尊之爲宗長」，〔註 31〕因此是否可視爲豳地早有異族所居？因爲當地既適合發展農業，彼時應有其他族群在此發展才是，〔註 32〕若是如此，是否公劉曾以其「武威」而征服當地的異族，展現了「武裝殖民」的姿態？另外在豳地「其軍三單」，〔註 33〕即設立了三支軍隊，其設立軍隊的目的意在防禦誰呢？其主要的目的也許是防衛這些被征服者，以及異族的入侵吧。

三、這次遷徙的原因爲何，史無記載，是否爲迫於人口成長的壓力，頗值得考察。可能既有的地力已無法養活眾多的族人，因此公劉必需選擇其他的地方發展農業，以供養更多的人口。楊寬即認爲「他的遷都的行動，是積極的，是爲了發展農業生產，振興周族，鞏固和擴大這個新建的國家。」〔註 34〕不過楊寬並沒有直接解釋周人爲向外發展農業是迫於人口成長的原因。如「篤公劉，于胥斯原。既庶既繁。」、「止基迺理，爰眾爰有」、「止旅乃密，芮鞫之即」，均反映了在公劉的帶領下豳地人民的眾多，不過短期內應該不可能成長這麼多的人口，應是當初即有大量的人口遷居於此，再配合農業的發展，才使得人口的數量在公劉居豳的時期得以「止旅乃密」。

「豳」的地望在何處？從文獻所載來看，《史記集解》、《括地志》所云皆

〔註 29〕《毛詩正義・大雅・公劉》，《十三經注疏》本，頁 617。

〔註 30〕同上。

〔註 31〕裴普賢，《詩經評註讀本（下）》，三民，台北，民國 83 年，頁 468。

〔註 32〕許倬雲在《西周史》中謂：「若配合考古學的資料來說，農業在中原早在七、八千年前即已發端，周人若在后稷時代始有農業，在中國的新石器文化中，應算是後起的。」見氏著，《西周史》，頁 34。

〔註 33〕關於「單」字的解釋，楊寬認爲當做爲軍隊的單位名稱，「其軍三單」即「其軍三𠂤」，如同殷代「王作三𠂤」一樣。詳見楊寬，《西周史》，頁 33。

〔註 34〕詳見楊寬，《西周史》，頁 27～28。

在「新平縣」、「漆縣」一帶，〔註35〕而在《漢書・地理志》「右扶風」的「栒邑」下班固注曰：「有豳鄉，《詩》豳國，公劉所都。」，〔註36〕以上所述的地望約在今陝西彬（邠）縣一帶，而這也是傳統所持的看法。從考古資料來看，在陝西彬縣附近的碾子坡亦發現許多先周文化遺址，〔註37〕因此「豳」地的地望應當在今陝西彬（邠）縣附近一帶才是。

文獻所見周人的第三次遷徙在太王公亶父之時，「古公亶父，來朝走馬，率西水滸，至于岐下。」〔註38〕其時間可能約當商代武乙元年（1269B.C.）〔註39〕的前後，岐下的地望從考古資料來看，大約在陝西省岐山縣東境一帶。〔註40〕這次遷徙之因，《史記・周本紀》所載如下：

> 薰育戎狄攻之，欲得財物，予之。已復攻，欲得地與民。民皆怒，欲戰。古公曰：「有民立君，將以利之。今戎狄所爲攻戰，以吾地與民。民之在我，與其在彼，何異？民欲以我故戰，殺人父子而君之，予不忍爲。」乃與私屬遂去豳，度漆、沮，踰梁山，止於岐下。〔註41〕

〔註35〕《史記・周本紀》，頁113。

〔註36〕《漢書・地理志》，鼎文，台北，民國80年，頁1547。

〔註37〕有關的考古發現或實地考察，詳見以下各篇論文的討論，於此不再贅述。胡謙盈，〈太王以前的周史管窺——周族起源探索之三〉，收於《胡謙盈周文化考古研究選集》，四川大學出版社，成都，2000年2月，頁151。石璋如，〈傳說中周都的實地考察〉，《中央研究院歷史語言研究所集刊》第二十本下冊，中央研究院歷史語言研究所，台北，民國61年1月再版，頁106。楊善群，〈周族的起源地及其遷徙路線〉，《複印報刊資料——先秦、秦漢史》，中國人民大學書報資料社，北京，1991年11月，頁48。

〔註38〕《詩經・大雅・緜》，《十三經注疏》本，頁57。

〔註39〕此一年代暫依丁驌，《夏商史研究》，藝文，台北，民國82年，頁15。另外周人從公亶父至武王滅殷前的事蹟與商王年代的對照，可參見表一。（近年來在大陸有所謂「夏商周三代斷代工程」的學術活動，雖有初步的成果，但「董年」所斷限之年仍具有相當的學術價值，故引「表一」以爲參照。）

〔註40〕「到周先王古公亶父時期，周族的勢力往南擴展到關中地區的西半部，並定都於岐邑即今日岐山和扶風兩縣接壤地帶——鳳雛村、賀家村和劉家村一帶。」引自胡謙盈，〈淺談先周文化分布與傳說中的周都——周族起源探索之四〉，收於《胡謙盈周文化考古研究選集》，四川大學出版社，成都，2000年2月，頁162。

〔註41〕《史記・周本紀》，頁113～114。

表一　殷代晚期周之事蹟與年代表

董　年	竹書		事由	
1200 乙十	1249	武乙卅一年	古公亶公	季歷
1197 乙十三	1246	武乙卅一年	季歷伐程	
1191 乙十九	1240	武乙卅一年	季歷伐義渠	
1187 乙廾三	1236	武乙卅一年	季歷來朝賜地三十里等	
1186 乙廾四	1235	武乙卅一年	伐西落鬼戎	
1185 乙廾五	1234	文丁元年	伐燕京之戎，周敗績	
1182 乙廾八	1231	文丁四年	伐余無之戎	
		文丁四年	受殷命爲師	
1181 乙廾九	1230	文丁五年	周作程邑	
1179 乙卅一	1228	文丁七年	伐始呼之戎	
1175 乙卅五	1224	文丁十二年	伐翳徒之戎	
		文丁十二年	文丁殺季歷	
1163 辛十二	1212	帝辛元年	命周候（文王）	文王
1160 辛十五	1209	帝辛四年	帝辛大蒐予黎	
1158 辛十七	1207	帝辛六年	西伯上祭于畢	
1153 辛廾二	1202	帝辛十一年	西伯伐翟	
1142 辛卅三	1191	帝辛廾二年	大蒐于渭	
1141 辛卅四	1190	帝辛廾三年	帝辛囚西伯	
1134 辛四一	1183	帝辛廾九年	西伯歸程	
1133 辛四二	1182	帝辛卅年	西伯入貢	
1131 辛四四	1180	帝辛卅二年	西伯伐密	
1130 辛四五	1179	帝辛卅四年	周取耆與刊取崇	
		帝辛卅四年	昆夷侵周	
1129 辛四六	1178	帝辛卅五年	周饑。自程遷豐	
1128 辛四七	1177	帝辛卅六年	伐昆夷。營鎬	
1123 辛五二	1172	帝辛四一年	周邑酆，西伯死	
1122 辛五三	1171	帝辛四二年	武王立。受丹書于呂尙	武王
1120 辛五五	1169	帝辛四四年	武王西伯伐黎	
1113 辛六二	1162	帝辛五一年	十一月戊子至孟津而還	
1112 辛六三	1161	帝辛五二年	伐殷。秋次于鮮原	
1111 辛武元	1160	武王元年	伐殷。敗之于坶野	
	1155	武王六年	武王崩	
	1154	成王元年	成王立	
	1152	成王三年	滅殷	

資料來源：引自丁驌，《夏商史研究》，台北：藝文印書館，民國82年9月，頁21。

從〈周本紀〉所載來看，太王遷岐導因於戎狄的壓迫，爲了避免百姓受到生命財產的損失而有此舉措，不過從《詩經・緜》所載：「迺立冢土，戎醜攸行」，原因就有待探討。前引〈緜〉句屈萬里在《詩經詮釋》釋爲：

戎，西戎也；醜，惡類也。戎醜，當指混夷言。行，謂離去也。岐下本混夷所居，太王立國於此，乃逐去之也。〔註42〕

從以上所釋，可以看出太王遷至岐地應與當地的「混夷」〔註43〕有所爭戰，進而將之逐出並在此建立新據點。因此，這次的遷徙應是周人另一次的武裝殖民。不過若依〈周本紀〉所載，此次遷徙既然意在「避戰」，則又爲何與歧下的混夷有所「爭戰」？是故〈周本紀〉所載或許是儒家「託古改制」的一種美化，〔註44〕以其「有德」故能「豳人舉國扶老攜弱，盡復歸古公於岐下。及他旁國聞古公仁，亦多歸之。」〔註45〕

從以上來看太公遷岐或迫於戎狄，但到岐下亦必須面對混夷的戰事，因此其遷徙可能還有以下的因素：

一、從公劉至太王至少經歷八代以上，其人口應該有相當的成長，而「農業民族居址的條件，須有廣大的農田，不竭的飲料，以及易於防守的地勢等爲最理想，若爲眾多人民的都城，還得有能夠容納眾多人民的場面」，〔註46〕豳地或許經過長期的開發，地力已經無法養活過多的人口，因此遷徙似乎已是勢在必行，而且當初公劉擇豳而居，應該也已有往渭水流域發展的跡向，如《詩經・公劉》：「篤公劉，于豳斯館。涉渭爲亂，取厲取鍛」或可說明當時的情況。

二、這次遷徙來到「周原膴膴」的岐下，是一個土地肥美適合發展農業的地方，而且決定立足於此地之後，「百堵皆興，鼛鼓弗勝」，其勝況當不下於公劉居豳之時，這也反映了其新居之地應較原居地更爲優沃才是。因此，

〔註42〕屈萬里，《詩經詮釋・大雅・緜》，頁462。

〔註43〕混夷應是指昆夷、犬夷，即卜辭中的犬侯。有關的討論詳見丁山，《甲骨文所見氏族及其制度》，中華書局，北京，1999年重印，頁116～117。

〔註44〕孟子除了對太王遷歧之因略有所述外，並認爲太王遷歧乃是「爲善」之舉，《史記・周本紀》或以此爲本。《孟子・梁惠王下》：「昔者大王居邠，狄人侵之，去之岐山之下居焉。非擇而取之，不得已也。苟爲善，後世子孫必有王者矣。」見《孟子・梁惠王下》，《新編諸子集成》本，世界，台北，民國80年，頁96。

〔註45〕《史記・周本紀》，頁114。

〔註46〕石璋如，〈傳說中周都的實地考察〉，《中央研究院歷史語言研究所集刊》第二十本下冊，中央研究院歷史語言研究所，台北，民國61年1月再版，頁104。

從以上兩點來看，太王遷岐傳統以爲是迫於戎狄，但其背後眞正的原因應是尋找能夠永續發展的地方來擴大農業的規模，以解決人口增加所帶來的糧食問題，在這樣的背景之下，周原所在的渭水流域即成了周人向東發展的最佳基地。

經過幾次的遷徙，周原成爲周人武裝殖民拓展的新立足點，爲周人的東進奠定了基業：

> 天作高山，大王荒之。彼作矣，文王康之。彼徂矣，岐有夷之行。子孫保之。〔註47〕

從公劉遷豳到古公遷岐，周人活動的範圍大抵在陝南的涇、渭一帶（見圖一），從地理位置來看，這有助於以後周人的東進發展。而公劉遷豳或許可視爲周人武裝殖民運動的先聲，只是當時公劉以小邦周的地位當不至於有東進翦商的野心。

周人早期遷徙的路線之所以未大舉往西拓遷，可能與周人是農業民族有相當大的關係，選擇一個適宜發展農業的地方當是其遷徙最基本的考慮因素，因此就隴東的地理型態來看，其農業發展的條件就不如陝南的渭水流域來得富庶，因此在自然條件的誘因之下，自公劉遷豳甚而「涉渭爲亂，取厲取鍛」以至太王遷岐或可視爲周人早期非計劃性的、不自覺的一種武裝殖民運動。不過自太王遷於岐下以後至武王期間，〔註48〕正當殷人勢衰之時，據〈殷本紀〉所載：

> 帝武乙無道，爲偶人，謂之天神。與之博，令人爲行。天神不勝，乃僇辱之。爲革囊，盛血，卬而射之，命曰「射天」。武乙獵於河渭之閒，暴雷，武乙震死。子太丁立。帝太丁崩，子帝乙立。帝乙立，殷亦衰。……帝乙崩，子辛立，是爲帝辛，天下謂之紂。〔註49〕

在這樣背景之下，待周人立穩了根基，遂開啓了周人「翦商」之志：

> 后稷之孫，實維大王，居岐之陽，實始翦商。至于文武，纘大王之緒。致天下之届，于牧之野。〔註50〕

〔註47〕《詩經・周頌・天作》，《十三經注疏》本，頁712～713。

〔註48〕期間的事蹟參見表一。

〔註49〕《史記・殷本紀》，頁104。

〔註50〕《詩經・魯頌・閟宮》，《十三經注疏》本，頁777。

圖一　周人的興起與東進簡圖

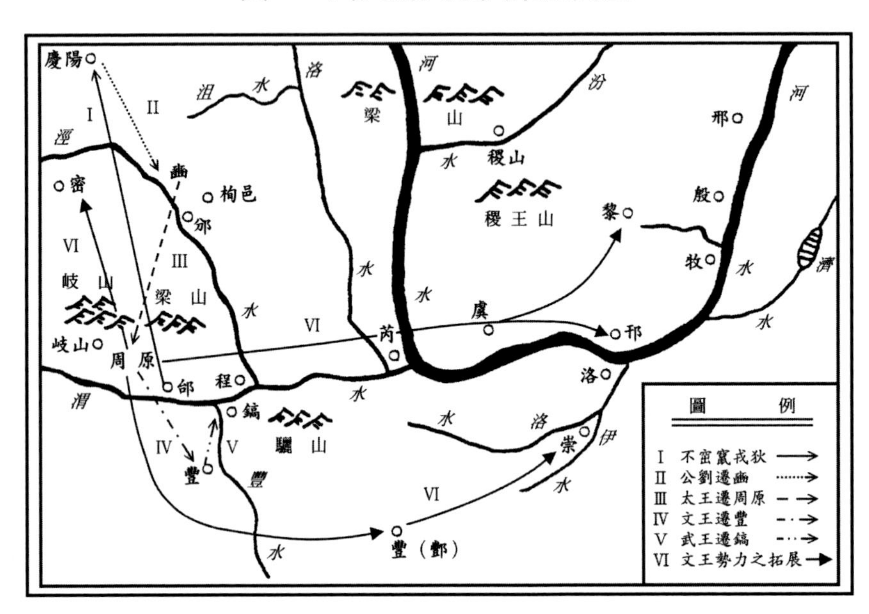

參考資料：程發軔，《春秋左氏傳地名圖考》，台北：廣文書局，民國 56 年 11 月。
王恢，《中國歷史地理》，台北：世界書局，民國 64 年 7 月。
楊寬，《西周史》，台北：台灣商務印書館，1999 年 4 月。

因此自太王遷至岐下以後，給了周人一個東進發展的大好機會，從太王開始至於武王克商爲止，周人展開了另一階段有計劃性的、自覺性的武裝殖民東進運動，在這期間周人養精蓄銳伺機而動，終在牧野一戰而取代了商朝，不過把周人東進勢力推到極至，是在周公東征以後的事了。

季歷繼位之後，「公季脩古公遺道，篤於行義，諸侯順之」，〔註 51〕並被殷王文丁「命爲殷牧師」，〔註 52〕負責管理商王朝的畜牧業。之後「文丁殺季歷」，〔註 53〕文王繼位是爲西伯，勢力更加向東擴展（見圖一）：伐犬戎，伐密須（其地望在今甘肅省靈臺縣西五十里的百里鎮），敗耆國（又作飢國、黎國，在今山西長治附近），伐邘（在今河南沁陽西北二十多里的邘部），伐崇（在今河南嵩縣附近）。〔註 54〕另外從周原甲骨的資料來看亦反映了周人當時

〔註 51〕《史記・周本紀》，頁 114。
〔註 52〕王國維校補，《古本竹書紀年輯校》，收於《竹書紀年八種》，世界，台北，民國 78 年，頁 227。
〔註 53〕同上，頁 228。
〔註 54〕關於這段勢力之東拓見《史記・周本紀》，頁 118。另這些地點之地望學者有不同的看法，茲採自楊寬，《西周史》，頁 69～71。

的勢力：

> 卜辭中有關「伐蜀」、「克蜀」和微、崇等諸侯國的記載，反映了周初和它四周方國的關係及其勢力。同時，卜辭中出現的山川地名，如 80 號的「密山」，27 號的「杓于洛」， 136 號的征伐「密須國」等。說明周人自從古公亶父遷到岐邑之後，其勢力發展很快，到周文王時已征伐了西北、西南的諸侯小國，爲周武王聯合這些國家共同舉兵滅商奠定了基礎。〔註 55〕

文王經營至此，當如孔子所言：「三分天下有其二，以服事殷。」〔註 56〕形勢一路發展下來，周人取得天下只待謀時而後動了。

隨著勢力的東展，文王亦將都城東遷至豐邑，其地望「在今陝西西安西南灃河中游西岸」〔註 57〕（見圖一），以作爲「翦商」的基地，《詩經・大雅・文王有聲》即曰：「築城伊淢，作豐伊匹。匪棘其欲，遹追來孝。」〔註 58〕不過文王卻於遷都後的次年崩殂，翦商之志的完成就落在武王的身上了。

武王即位之後，獲得諸侯的支持，在殷西立穩了根基，且將周都又向東推進，遷至今灃河東邊的鎬京以爲其子孫的發展立基並爲翦商做好東進準備：

> 四方攸同，皇王維辟。皇王烝哉！鎬京辟廱，自西自東，自南自北，無思不服。皇王烝哉！考卜維王，宅是鎬京。維龜正之，武王成之。武王烝哉！豐水有芑，武王豈不仕？詒厥孫謀，以燕翼子。武王烝哉！〔註 59〕

此時紂王並未意識到危機的存在，早在文王敗耆國之際，祖伊曾向紂王示警，奈何紂王竟曰：「我生不有命在天！」〔註 60〕對於周人的威脅視若罔聞。由於性格的使然，「矜人臣以能，高天下以聲，以爲皆出己之下。」〔註 61〕再加上多次征人方、「上下荒緬於酒」、以及因祖甲改革祀典所造成的長期以來的黨爭問題〔註 62〕等種種因素，儘管紂王在牧野之戰中，「殷商之旅，其會如林」，

〔註 55〕陳全方，〈陝西岐山鳳雛村西周甲骨文概論〉，《古文字研究論文集》（《四川大學學報叢刊》第十輯），四川大學，成都，1982 年，頁 369～370。

〔註 56〕《論語・泰伯》，《新編諸子集成》本，世界，台北，民國 80 年，頁 168。

〔註 57〕楊寬，《西周史》，頁 77。

〔註 58〕《詩經・大雅・文王有聲》，《十三經注疏》本，頁 583。

〔註 59〕同上，頁 584。

〔註 60〕《尚書・西伯戡黎》，《十三經注疏》本，頁 145。

〔註 61〕同上，頁 105。

〔註 62〕關於殷亡原因的諸家說法，詳見王仲孚，〈殷商覆亡原因試釋〉，收於《中國

〔註 63〕最後仍爲武王的諸侯聯軍給「敦商之旅，克咸厥功」。〔註 64〕

二、武王封建

武王既以一個殷西方國之長進而克商成爲天下的共主，如何建立與新舊諸侯間的關係以鞏固王權是武王得立即面臨的課題。面對這樣的新局，武王採取的措施是一方面承認舊有的封建勢力以懷柔之，一方面建立了新的封建勢力以屏藩周室：

> 封商紂子祿父殷之遺民。武王爲殷初定未集，乃使其弟管叔鮮、蔡叔度相祿父治殷。……封諸侯，班賜宗彝，作《分殷之器物》。武王追思先聖王，乃褒封神農之後於焦，黃帝之後於祝，帝堯之後於薊，帝舜之後於陳，大禹之後於杞。於是封功臣謀士，而師尚父爲首封。封尚父於營丘，曰齊。封弟周公旦於曲阜，曰魯。封召公奭於燕。封弟叔鮮於管，弟叔度於蔡，餘各以次受封。〔註 65〕

不過武王在位期間實際分封的封國應不止上述，因從武王克商之際陸續征服了相當數量的方國可以窺知一二：

> 武王遂征四方，凡憝國九十有九國，馘磿億有十萬七千七百七十有九，俘人三億萬有二百三十，凡服國六百五十有二。〔註 66〕

上面所述「服國」之數或有誇大之嫌，不過以當時殷商的勢力範圍來看，其方國的數量亦相當可觀才是。而由於年代久遠，史料渺茫難稽，今日已很難拼湊出當時分封情況的完整面貌，不過透過有如鳳毛麟角般的文獻與考古史料，在近人的整理研究之下仍可一窺其概況：

> 弟霍叔於霍國故地；衛康叔於衛國故地。……分封姬姓親族於畢、邦、郇、虢、虞、芮、楊、唐、康、韓、雍、岑、聃、毛、燕、召、魯、曹、蔡、管、賈、魏、冀、狐、隋、蓼、焦、原、吳、邘、項、頓、郜、郕、滑、應、宜、息、滕、錯、綉、耿、道、密、巴等國。又封姻親及同盟國申、呂、謝、齊、許、陳、薊、祝、莒、楚、邾、

上古史專題研究》，五南，台北，民國 85 年，頁 523～538。不過本人將王仲孚師的黨爭說和其他諸家的說法加以整合採用，畢竟一個王朝的滅亡應有諸多原因才是。

〔註 63〕《詩經・大雅・大明》，《十三經注疏》本，頁 543。

〔註 64〕《詩經・魯頌・閟宮》，《十三經注疏》本，頁 777。

〔註 65〕《史記・周本紀》，頁 126～127。

〔註 66〕《逸周書・世俘》，世界，台北，民國 64 年，頁 97。

紀、章、箕、杞、房、柏、酈、蘇、樊、鄢、鄀、向、蕢、鄅、薛、鄫等國。而一些嬴姓、偃姓及子姓國家，只要歸順周朝，仍保留封國地位。〔註67〕

由於武王初踐位時實力未穩，因此必須對於原本在商人勢力範圍之下的方國予以分封或保留，這些傳統勢力大致包括了三類：一、先代之後裔，謂之「三恪」，〔註68〕「用來表示對先代君王的尊敬，用來團結有勢力的異姓貴族，從而鞏固周朝的統治基礎」；〔註69〕二、參與伐紂事業的同盟國，如「文王帥殷之叛國以事紂」〔註70〕以及後來武王時盟津之會的「八百諸侯」；三、其他被征服而歸順周人的嬴姓、偃姓及子姓方國等。

這些方國以及殷遺在周朝新建之際，應當仍具有相當的實力與影響力，對於周朝這個新興王權而言，可說是一個潛在的威脅。因此除了針對這些方國採取「懷柔」的手段之外，爲了能「屏藩」周室，必須另外再建立一股新的封建勢力以「強本」，而這些新建封國的對象可分爲兩類：一是姬姓親屬之國，「昔武王克商，光有天下，其兄弟之國者十有五人，姬姓之國者四十人，皆舉親也」；〔註71〕一是姻親功臣之國。這些新勢力可以說是維繫周人統治的根本力量，尤其是姬姓的封國，就當時封國的數量來看，雖不見得佔有絕對的多數，但「武王的幾個弟弟，都分封在十分重要的戰略要地」，〔註72〕卻也對周王室多少帶來些安定的作用。

武王在位雖爲西周三百年的封建規模建立了初基，但此時的封國與王室間的關係爲何？吾人可以從以下王國維先生的論述來加以認識：

自殷以前，天子諸侯君臣之分未定也。故當夏后之世，而殷之王亥、王恒，累葉稱王；湯未放桀之時，亦已稱王。當商之末，而周之文

〔註67〕何光岳，《周源流史（上）》，江西教育出版社，南昌，1997年，頁53。

〔註68〕「三恪」所指若據《左傳》杜注之說則指虞、夏、殷三代之後；若據《禮記．樂記》之說，則指黃帝、堯、舜之後。不過武王所封先代之後應不止三個。有關的討論詳見楊寬，《西周史》，頁113～114。

〔註69〕同上，頁114。

〔註70〕《春秋左傳．襄公四年》，《十三經注疏》本，藝文，台北，民國86年，頁503。

〔註71〕《春秋左傳．昭公二十八年》，《十三經注疏》本，頁913。

〔註72〕如管叔、蔡叔、霍叔等三監所在地：「管」在今河南鄭州，爲商在大河以南的重鎭；「蔡」正在管的西北，靠近大河，是十分重要的戰略要地；「霍」離管、蔡應不遠。另外如曹叔振鐸所在的曹，成叔武所在的成，均在今山東，爲周人在東方的交通及戰略要地。其他如郜、雍、滕、原、酆、郇等亦在重要的戰略位置上。詳見楊寬，《西周史》，頁117～119。

武亦稱王。蓋諸侯之於天子，猶後世諸侯之於盟主，未有君臣之分也。周初亦然，於〈牧誓〉、〈大誥〉皆稱諸侯曰友邦君，是君臣之分亦未全定也。〔註 73〕

由是觀之，可知武王承繼了夏商以來「封建」之傳統，武王之於封國在當時也只是一盟主的地位：

夏商時代，分封只是方國聯盟的一種補充，當時社會結構的基本格局是在強盛的夏、商王朝周圍寧凝聚著大大小小的眾多方國部落，很有眾星捧月的意味。周代情況則不同，分封制度已是社會結構的主體，它並不單純依靠周王朝的強盛所產生的凝聚力，而是分封子弟親戚，讓他們建立新的國家，遍及周人勢力所能達到最廣大的地區。夏、商王朝聯繫諸方國，主要靠神權；周王朝則主要靠血緣親戚關係，神權已經退居十分次要的地位。

……武王時期的分封，只是夏商時代以來傳統的分封現象的繼續；周公東征以後大規模的封邦建國才是周代分封制的眞正開始。

……史載表明，武王所走的依然是傳統的路子，竭力以周王朝爲核心組成新的方國聯盟。……周初武王時期的政體、祭禮甚至曆法都一仍殷商舊制，這是周文化對於殷商文化的繼承，也爲穩定時局所需要。〔註 74〕

所以當時武王與封國間權利與義務的關係，由上面所述武王多承舊制情形來看，當不會與商朝有多大的不同。因此若從卜辭來看，商王朝的諸侯對商王有納貢、戍邊、助征、爲商王田獵、巡行、盡職、接受商王派遣從事特定工作等「叶王事」的義務，〔註 75〕而武王大概也繼承了這樣的關係吧。

殷西之地在先周數代先王慘澹經營之下成爲周人東進「武裝殖民」的基地，西土的盟國也因此成了武王克商的主力，除了這些封國之外，再加上武王克商後所新封的姬姓及姻親功臣之國，成爲周王監控殷遺及被周人所征服的東方封國的重要後盾，但武王似乎仍未能充份穩定當時東方的局勢，而從

〔註 73〕 王國維，〈殷周制度論〉，《王觀堂先生全集》冊二，文華，台北，民國 57 年，頁 448～449。

〔註 74〕 晁福林，〈試論西周分封制的若干問題〉，《西周史論文集》下冊，陝西人民教育出版社，西安，1993 年，頁 746～747。

〔註 75〕 相關的內容引自秦照芬，〈從卜辭論商代的分封制度〉，《臺北市立師範學院學報》第三十期，台北市立師範學院，台北，民國 88 年 3 月，頁 289～292。

以下「武王自夜不寐」的訊息似可看出一些端倪：

> 武王徵九牧之君，登豳之阜，以望商邑。武王至於周，自夜不寐。周公旦即王所，曰：「曷爲不寐？」王曰：「告女：維天不饗殷，自發未生於今六十年，麋鹿在牧，蜚鴻滿野。天不享殷，乃今有成。維天建殷，其登名民三百六十夫，不顯亦不賓滅，以至今。我未定天保，何暇寐！」王曰：「定天保，依天室，悉求夫惡，貶從殷王受。日夜勞來，定我西土，我維顯服，及德方明。自洛汭延於伊汭，居易毋固，其有夏之居。我南望三塗，北望嶽鄙，顧詹有河，粵詹雒、伊，毋遠天室。」營周居於雒邑而後去。〔註 76〕

在這段記載中透露了武王儘管滅了殷商，但面對新局仍憂心忡忡，這應當不只是擔憂殷遺的復國行動，對於當時其他非姬姓封國的可能威脅亦深感不安，因此爲了要穩住王權，除了要「日夜勞來，定我西土」之外，還要「營周居於雒邑」以安定東土。再者，從「武王已克殷，後二年，問箕子殷所以亡。」〔註 77〕之事亦顯示了武王當時企求長治久安以鞏固王室之心。

另外從以下的事例中，亦可看出武王在位時封國之地位與威脅：

> 武王病，天下未集，群公懼，穆卜，周公乃祓齋，自爲質，欲代武王，武王瘳。後而崩，太子誦代立，是爲成王。成王少，周初定天下，周公恐諸侯畔周，公乃攝行政當國。〔註 78〕

這兩個事例反映了兩個狀況：一是武王在位時仍未及建好長治久安之制；一是在武王生前死後，封國的勢力對王權一直有其威脅性，而這也說明了當時封國仍有相當的「外自主性」，〔註 79〕其自主之程度，對王權當有其潛在的威脅，否則幼主當國周公大可不必「恐諸侯畔周」，而果不其然，周公攝政之後東方竟發生了亂事；「三監之亂」〔註 80〕的發生，不過只是顯露了這個新興王

〔註 76〕《史記・周本紀》，頁 129。

〔註 77〕同上，頁 131。

〔註 78〕同上，頁 131～132。

〔註 79〕關於「外自主」、「內自主」之意涵，可參見本論文在「緒論」頁 10 中的詳細討論。

〔註 80〕對於「三監」歷來之說有二：一指管叔、蔡叔、武庚，見班固《漢書・地理志》；一指管叔、蔡叔、霍叔等，見鄭玄《毛詩譜・邶鄘衛譜》，至今仍莫衷一是。不過當今學者顧頡剛、劉起釪、杜勇等人則主張前者之說。清人姚鼐即曾謂：「周謂諸侯君其民曰『監』，故曰『監殷』，非監制武庚之謂也。」前引姚鼐之言及有關「三監」的討論詳見杜勇，《《尚書》周初八誥研究》，中國

權面對周初封國所潛在的隱憂，而這也正是西周三百年封建史中，封國外自主性首次高張的表現，幾個有野心的封國不再服膺周王室，他們以戰爭的手段來挑戰王權。

綜上所述，「我們對武王分封的性質問題大致可以獲得這樣一些認識：第一，武王分封的規模甚大，但實質性的內容很少，尚不完全具備賜姓、胙土、命氏的封建要素，也未使所封之國變成中央政府直接管轄的地方行政區域，只不過是周人初始分封以確立自己天下共主地位一個不成熟的創意而已。第二，武王所封諸國大多居其故壤，治其舊民，並未形成征服、殖民、封建三位一體的政治範式。因此，這種分封的策略意義大於拓疆建國的政治意義，無助於封國衍生新的族群結構以發展地緣單位的政治性格。第三，武王所封管、蔡、武庚三監在諸國之中地位最爲重要，以其缺乏有效的制約機制終使潛在的危險因素未免致亂，給周初政局的穩定造成很大困難。這只有待周公東征勝利後，分封制才得以全面推行並漸趨完備，成爲周王朝鞏固統治的一項重要措施。」〔註 81〕因此，武王時期的分封只是延續了商代以來的分封模式，仍未建立起一套足以使周人「長治久安」的封建體制，周王只是「諸侯之長」，直到周公東征勝利以後，周人才逐漸建立起一套完備的封建體制，周人也得以藉此鞏固其統治者的地位。

第二節　封國之重整與再封

成王年少即位，周公攝政當國，先前武王所倚重的姬姓兄弟管叔、蔡叔等竟以周公將不利於孺子爲由，聯合武庚等人起來反對周室：

> 周公立，相天子，三叔及殷、東、徐、奄及熊盈以略。〔註 82〕

一時之間，周王室面臨了「作邦」以來最大的一次危機。以周王的立場來看，這次的起事當視之爲「畔周」，但就起事諸國的立場而言，卻是一次以武力來挑戰王權的「自主性」表現。管、蔡等人意在「奪王權」，而武庚卻意在「興滅國」，至於東夷諸方國則意在從中獲取自身的利益，在這樣的動機結合之下，體現了此次「優勝劣敗」的起事本質。

社會科學出版社，北京，1998 年，頁 93～99。

〔註 81〕杜勇，《《尚書》周初八誥研究》，頁 105～106。

〔註 82〕《逸周書・作雒》，頁 127。文中的「三叔」當爲「二叔」之訛，「二叔」即指管叔、蔡叔等人。有關的討論詳見杜勇，《《尚書》周初八誥研究》，頁 95～96。

一、周公東征

這次參與起事的東方諸國，若以周人當時能夠實際控制的地域範圍來看，應當分爲兩類：一是位在周人勢力範圍內〔註 83〕的「封國」；一是位在周人勢力邊陲、非我族類的東夷「方國」。〔註 84〕前者有屬於姬姓的管叔、蔡叔等封國，以及殷遺武庚之封國；後者的成員可考的則有豐、薄姑、奄、徐、熊盈等方國，〔註 85〕不過當時參與的實際方國數當不止此數，如〈逸周書・作雒〉中有謂「凡所征熊盈族十有七國」，〔註 86〕又〈孟子・滕文公下〉謂：

> 周公相武王誅紂，伐奄三年討其君，驅飛廉於海隅而戮之，滅國者五十，驅虎豹犀象而遠之，天下大悅。〔註 87〕

《呂氏春秋・先識覽・樂成》亦謂：

> 故志士賢者相與積心愁慮以求之，猶尚有管叔、蔡叔之事與東夷八國不聽之謀。〔註 88〕

另成王時銅器《保卣》彝銘謂：

〔註 83〕武王克殷後，其實際控有的地區除了周原的西土外，只占有殷原來的京畿以及南國，包括今河南省的北部、中部、河北省東南角、山西省南邊以及山東省東邊。見楊寬，《西周史》，頁 145。

〔註 84〕《大盂鼎》：「……我聞殷述（墜）令，隹殷邊侯田（甸）雩（與）殷正百辟，率肄（肆）于酉（酒），古（故）喪自（師）。……」（彝銘引自馬承源主編，《商周青銅器銘文選》第三卷，文物出版社，北京，1988 年，頁 38。彝銘拓片參見附錄圖十。）從以上彝銘可知，殷時即有類似後來周人的「五服」之制，即「殷邊侯田」之謂。這些東夷「方國」當屬於周人後來「五服」之制中的「荒服」，「荒服」是指王朝邊境居住少數部族的地區。武王時或未建立「五服」之制，但當時至少應繼承了殷制，以及從後來的「五服制」亦可推見周公東征前夕東夷與周王室之關係。另從《詩經・大雅・大明》：「維此文王，小心翼翼，昭事上帝，聿求多福。厥德不回，以受方國。」文中的「方國」即有四方來附的邦國之意。有關「荒服制」的討論詳見楊寬，《西周史》，頁 431～437。

〔註 85〕從彝銘中可知：《㙇方鼎》：「隹周公于征伐東尸（夷），豐白（伯）、尃古（薄姑）、咸𢦏。……」（彝銘拓片參見附錄圖四）《禽簋》：「王伐婪（奄）侯，周公某（謀）禽祝，禽又（有）敐（脤）祝。……」（彝銘拓片參見附錄圖五）以上彝銘引自馬承源主編，《商周青銅器銘文選》第三卷，頁 17、18。

〔註 86〕《逸周書・作雒》，頁 127。

〔註 87〕《孟子・滕文公下》，《新編諸子集成》本，頁 265。

〔註 88〕《呂氏春秋・先識覽・樂成》，《新編諸子集成》本，世界，台北，民國 80 年，頁 191。

乙卯，王令保及殷東或（國）五侯，征（誕）兄（荒）六品，蔑曆于保，易賓，用乍文父癸宗寶尊彝，……。〔註89〕

從以上幾則史料總的來看，當時參與起事的東夷方國數當爲五國以上，其規模應不算小才是。不過東夷早在殷商後期即成爲殷人嚴重的威脅，如《左傳・昭公十一年》即載「紂克東夷而殞其身」。〔註90〕另在商代帝乙、帝辛時期的彝銘亦有征東夷的記載：

《小臣俞尊》：……隹王來正（征）人方，隹王十祀又五，彡（肜）日。

《小子畓卣》：……才（在）十月二，隹子曰：「令望人方𩰫」。

《作冊般甗》：王宜人方，無敄（侮），咸。……〔註91〕

因此，這次東夷方國的參與起事，應該是殷商晚期東夷威脅的延續，「商代末年商朝雖然曾經多次攻克東夷，但是並沒有把東夷征服，周滅商而建立新王朝，東夷暫時採取觀望態度。」〔註92〕當管、蔡聯合武庚起而挑戰周王室之際，這些東夷方國便乘勢而參與起事了。

周公這邊所依恃的武力爲何？從《尚書・大誥》中多次使用的「大誥爾多邦」、「肆予告我友邦君」、「予惟以爾庶邦」、「義爾邦君」、「肆予大化誘我友邦君」、「肆哉爾庶邦君」等語句來看，〔註93〕這次的東征同武王伐紂時一般，亦是聯合了一些同盟國的武力，來共同對抗東方的起事，而這些東征的武力似乎當以西土之國尤以豳地爲主，從《詩經・豳風》中的內容當可反映這樣的情形，如〈東山〉：

我徂東山，慆慆不歸。我來自東，零雨其濛。我東曰歸，我心西悲。制彼裳衣，勿士行枚。蜎蜎者蠋。烝在桑野。敦彼獨宿，亦在車下。

〔註89〕馬承源主編，《商周青銅器銘文選》第三卷，頁22（彝銘拓片參見附錄圖六）。銘文中之「五侯」、「六品」所指確切的對象爲何，學者多有所討論，但「無論具體的解釋有何不同，殷東國五侯乃指叛周之五諸侯國的國君，應無疑問」；而「此句裡的六品到底指何物雖然尚弄不清楚，但是爲所貺之賞物，當無疑問。」見夏含夷，〈簡論《保卣》的作者問題〉，收於《溫故知新錄——商周文化史管見》，稻禾出版社，台北，民國86年，頁144、145。

〔註90〕《春秋左傳・昭公十一年》，《十三經注疏》本，頁785。

〔註91〕馬承源主編，《商周青銅器銘文選》第三卷，頁2、3、6（彝銘拓片分別參見附錄圖一、二、三）。

〔註92〕楊寬，《西周史》，頁136。

〔註93〕《尚書・大誥》，《十三經注疏》本，頁190～194。

我徂東山，慆慆不歸。我來自東，零雨其濛。果臝之實，亦施于宇。伊威在室，蠨蛸在戶，町畽鹿場，熠燿宵行。不可畏也，伊可懷也。我徂東山，慆慆不歸。我來自東，零雨其濛。鸛鳴于垤，婦歎于室；洒埽穹室，我征聿至。有敦瓜苦，烝在栗薪。自我不見，于今三年。我徂東山，慆慆不歸。我來自東，零雨其濛。倉庚于飛，熠燿其羽。之子于歸，皇駁其馬。親結其縭，九十其儀。其新孔嘉，其舊如之何？〔註94〕

如〈破斧〉：

既破我斧，又缺我斨。周公東征，四國是皇。哀我人斯，亦孔之將。既破我斧，又缺我錡。周公東征，四國是吪。哀我人斯，亦孔之嘉。既破我斧，又缺我銶。周公東征，四國是遒。哀我人斯，亦孔之休。〔註95〕

又如〈九罭〉：

九罭之魚，鱒魴。我覯之子，袞衣繡裳。鴻飛遵渚。公歸無所，於女信處。鴻飛遵陸。公歸不復，於女信宿。是以有袞衣兮，無以我公歸兮，無使我心悲兮。〔註96〕

從以上諸詩來看，誠如屈萬里先生所言：

豳地與周公無關，而豳詩多言周公東征事，此必有故。疑周公東征時所率者多豳地之民，所爲歌詩，皆豳地之聲調；故其詩雖作於東國，而仍以豳名之也。〔註97〕

因此，周公東征時的武裝結構當以西土之民及同盟國爲主，而這應該也是延續了武王伐紂時的武裝特色。而這次東征，周公花了三年的時間才加以平定，藉著這次東征的機會，周人的勢力才正式地推向黃河下游及淮水流域一帶，將周人武裝殖民的勢力往東再發展了一大步。

二、成康新局

周公攝政期間的作爲，據《尙書大傳》：「周公攝政，一年救亂，二年克殷，三年踐奄，四年建侯衛，五年營成周，六年制禮作樂，七年致政成王。」

〔註94〕《詩經・豳・東山》，《十三經注疏》本，頁294～297。
〔註95〕《詩經・豳・破斧》，《十三經注疏》本，頁300～302。
〔註96〕《詩經・豳・九罭》，《十三經注疏》本，頁302～303。
〔註97〕屈萬里，《詩經詮釋》，頁261。

〔註 98〕面對平定後的新局，周公為了加強周王室的統治，避免再度發生威脅王室的「亂事」，對於先前武王所建立的封建形勢做了一次大規模的調整以屏藩周室：

> 昔周公弔二叔之不咸，故封建親戚以蕃屏周。管、蔡、郕、霍、魯、衛、毛、聃、郜、雍、曹、滕、畢、原、酆、郇，文之昭也。邘、晉、應、韓，武之穆也。凡、蔣、邢、茅、胙、祭，周公之胤也。〔註 99〕

這次「封建親戚」的行動，主要的對象為文王之子、武王之子及周公庶子等，不過這些封國有些是在武王之時即已建立，因此周公是在武王所建的「兄弟之國」的基礎下再加以擴充、徙封，藉此以鞏固周王室的勢力。而當時姬姓封國有多少？《荀子・儒效篇》所言或可以為參考：

> 武王崩，成王幼，周公屏成王而及武王以屬天下。……兼制天下，立七十一國，姬姓獨居五十三人，而天下不稱偏焉。〔註 100〕

當時天下的封國總數當不止此，不過卻反映了姬姓封國在周公「兼制天下」之時，在封國總數的比率上應佔有相當的比重才是。雖然《史記》言：「武王、成、康所封數百，而同姓五十五」；〔註 101〕《漢書》亦謂「昔周監於二代，三聖制法，立爵五等，封國八百，同姓五十有餘」，〔註 102〕在姬姓的封國數上彼此的記載出入不大，但在封國的總數上卻有極大的不同。不過，當時姬姓封國在比重上，應當不致如此懸殊才是，否則周人的統治基礎將會極不穩固，可能重蹈「三監之亂」的覆轍。雖然「三監之亂」部份與國是周的「兄弟之國」，不過如《左傳》中祝佗所言：「昔武王克商，成王定之，選建明德，以蕃屏周」。〔註 103〕周公由於受到前車之鑑，注意到對於姬姓封國的建立必須要「選建明德」，以避免再度發生同室操戈的窘況。至於在數量比例上，姬姓封國應不致太過懸殊，否則周人藉由宗法制度中「君統宗統」合一的精神來做為王室統治權威的基礎將很薄弱，由《詩經・文王》中所言：「文王孫子，本支百世。凡周之士，不顯亦世。」〔註 104〕似乎可以做為很好的註腳。因此，

〔註 98〕《尚書大傳・洛誥》，《四部叢刊正編》本，台灣商務，台北，民國 68 年，頁 54。

〔註 99〕《春秋左傳・僖公二十四年》，《十三經注疏》本，頁 255。

〔註 100〕《荀子・儒效篇》，《新編諸子集成》本，世界，台北，民國 80 年，頁 73。

〔註 101〕《史記・漢興以來諸侯王年表》，頁 801。

〔註 102〕《漢書・諸侯王表》，頁 391。

〔註 103〕《春秋左傳・定公四年》，頁 947。

〔註 104〕《詩經・大雅・文王》，頁 534。

若以《荀子・儒效篇》所載來推算，姬姓封國的比率約近八成可能不甚合理，但卻反映了姬姓封國應不在少數才是。

這次的再封，當是以姬姓封國爲主要對象，不論對於原來的或新封的均「選建明德」，希冀以姬姓封國做爲統治周土的骨幹，且以之做爲宗法制度的統治基礎。而除了透過再封「以蕃屛周」外，爲了加強對東土的治理，對於原有的封國亦做了部分的重整，今將其重整的情形表列如下：〔註 105〕

表二　封國重整表

封國名	重整之情形	意義或作用
魯	成王更封周公子伯禽於山東曲阜。	自有魯齊之新封，周人勢力始越殷而東達海濱。
齊	成王徙封太公望之子呂伋於營丘，即山東臨淄。	
衛	成王封康叔子康侯啚於衛，即河南淇縣東北朝歌。	殷自盤庚歷八世十七君垂三百年之河北根據地，自此拱手而讓於周人統治之下。
宋	封微子啓於宋，即河南商邱。	周人尚不能完全控制殷遺，乃封其王族之賢者於自湯以來之故土，示無意於滅殷、以撫輯之。而環曹（山東定陶）、郜（城武）、茅（金鄉西北）、祭（河南鄭縣），建諸姬之國。
晉	成王改封燮父於晉，地在汾水下游。汾、澮之間，今山西臨汾、曲沃、翼城之地。	此爲溝通河北，直達殷墟之要道。
蔡	成王封蔡叔度之子胡（字仲）於蔡，其地即河南上蔡。	此爲周人經營南國之極東點。自此北繞而與魯、齊相呼應，以及於衛、晉，而宋人自在大包圍之中。
燕	武王時封召公於燕，其地在河南郾城縣。成王平亂後改封於玉田縣之燕山。	
滕	武王封叔繡於衛邑之滕，成王平亂後，再封叔繡之子於山東滕縣。	

經過重整之後的封國，使得周人在戰略佈局上，更能便於對東方的控制，而這也是當時重整封國最重要的目的（其封建形勢可參見圖二）。〔註 106〕不

〔註 105〕此部份係整理自王恢及葉達雄兩位先生的著述。王恢，《中國歷史地理》下冊，台灣學生書局，台北，民國 73 年，頁 645～646。葉達雄，《西周政治史研究》，明文，台北，民國 71 年，頁 36～38。

〔註 106〕杜正勝認爲：「周人東進，高度發揮傳統武裝殖民的精神，面對廣大的東土，他們佈署成齊魯、衛和成周的三道戰略線。周族兄弟子侄便應實際的需要，或先或後分布在這三道攻防線內，以控制征服地，並且捍衛發祥地——宗周。」見氏著，〈周代封建的建立——封建與宗法（上篇）〉，頁 497。

過，西周一朝的封建措施直到西周晚期一直都在持續地進行，如鄭國的始封即在宣王時期，只是西周的封建形勢當大致完備於成康時期，如《左傳・昭公二十六年》即有謂：「昔武王克殷，成王靖四方，康王息民，並建母弟，以蕃屏周。」〔註 107〕因此，周人此次二度封建完成的意義即在「中國北方由陝西到山東的平原上，在新石器文化的晚期，各地方文化之間已有交流與互相影響的現象，尤以相鄰文化之間的差距，表現爲逐漸的轉變。這個以華北黃土平原爲領域的大文化圈，也就是夏商二代的活動範圍。周初分封各國，大致也在這個範圍內。成康時代，克殷已數十年；對這個範圍的控制已大體完成了，也因此封建七十一國的工作即在成康時代，此後則不再有很多可以封國的空間了。」〔註 108〕

不過，這次分封規模較武王時更加完備，強化了王室的地位：

> 通過「封建」，所形成的諸侯國具有兩個方面的特徵。首先，大部分諸侯國，特別是姬姓諸國，是經過周王朝冊封所建立的新的國家。它們和夏商以來的方國部落不同，其建立和鞏固都於周王朝息息相關，並且和周王朝有主從關係，正所謂「天子之尊，非復諸侯之長而爲諸侯之君」。這跟方國聯盟時代諸方國與夏、商王朝之間的平等聯合狀態是不可同日而語的。其次，這些諸侯國對於周王朝來說具有相當獨立性質，這和後世專制主義中央集權國靠郡縣制所實現的中央與地方的密切關係，也是不可同日而語的。分封制是政治體制方面的一項創舉，它的實施是繼聯盟制以後加強中央與地方關係過程中不可或缺的重要一環。〔註 109〕

因此，成康以後封國與王室間的關係已不可同日而語，王室較武王時更具權威性，成爲眾封國之「君」，如成王時〈酒誥〉中有言：「予惟曰，汝劼毖殷獻臣，侯、甸、男、衛」；〔註 110〕又〈康王之誥〉中康王初即位時所言：「庶邦侯、甸、男、衛！惟予一人釗報誥」，〔註 111〕這些對各封國的稱呼方式不同於東征前的〈大誥〉中所稱的「友邦君」，這大概反映了兩個情況：一如前面所論述，周王的威望在東征前不如東征後；一是在東征後分封的規模更加擴

〔註 107〕《春秋左傳・昭公二十六年》，《十三經注疏》本，頁 903。
〔註 108〕許倬雲，《西周史》，頁 142～143。
〔註 109〕晁福林，〈試論西周分封制的若干問題〉，頁 746、755。
〔註 110〕《尚書・酒誥》，《十三經注疏》本，頁 210。
〔註 111〕《尚書・康王之誥》，《十三經注疏》本，頁 289。

大與完備，藉此也確立了周天子的權威。誠如楊寬的看法：

> 周公在東征勝利之後所推行的分封制，是在總結前個階段經驗教訓的基礎上制定的。它不像有些人所説的是一種比較原始的部落殖民，而是貫徹周公政治意圖，擴大和加強統治的一種手段。它採用了分給封君以殷和方國貴族的辦法，消除了殷和方國貴族在原地頑強反抗的勢力，同時又利用來作爲封君在其封國的統治力量。〔註 112〕

圖二　西周封國形勢圖略

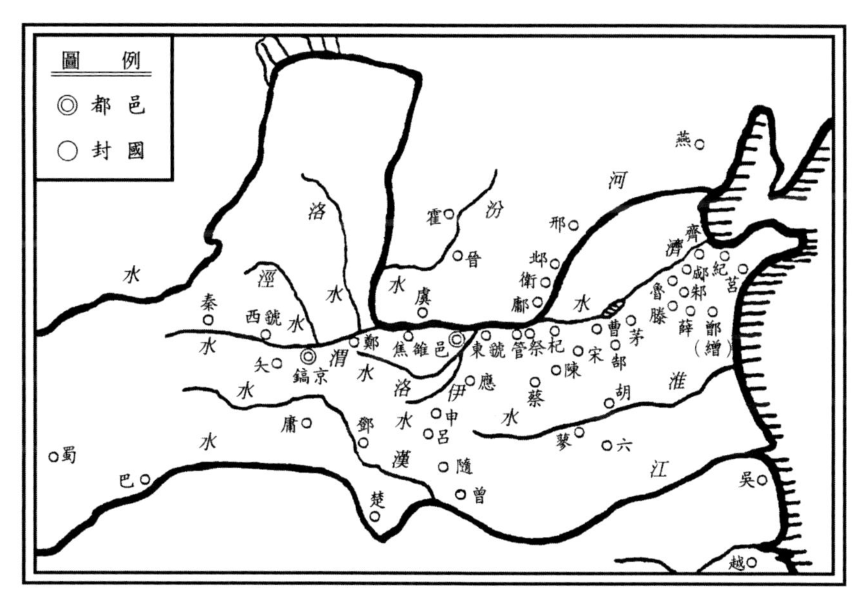

參考資料：錢穆，《國史大綱》，台北：台灣商務印書館，民國 75 年 5 月修訂十四版。
王宇信，《中國小通史 —— 西周》，北京：中國青年出版社，1998 年 5 月。
《中國文史地圖 —— 遠古至南北朝》，台北：里仁書局，民國 73 年 12 月。
譚其驤主編，《簡明中國歷史地圖集》，北京：中國地圖出版社，1996 年 6 月。

雖然周人在文王時即透過分封制的手段來擴展其勢力，〔註 113〕不過將分

〔註 112〕楊寬，《西周史》，頁 362。

〔註 113〕周文王開始重視在王畿内用分封制擴展周人佔有土地和擴張勢力。周武王克商後，在原來商的王畿内分封邶，鄘，衛而設置三監，同時所分封的同姓親屬、身居朝廷要職的如召公、畢公、榮伯等人的封邑，也都在王畿之内。到周成王時，周公就進一步大規模推行分封制，分封親屬而擴展周的疆土和統治勢力。引自楊寬，《西周史》，頁 352。

封制發展成一種社會結構的主體，是在周公攝政之時，並且持續到成康時代，使得分封制成了此後周王朝三百年立國的根基，樹立了天子的權威，也穩固了周人統治的基礎。

在分封制之下，諸侯的分封必有其一定的儀節，藉由儀節的施行，除了表示分封儀式的隆重，同時並確立了天子與封國間君臣的從屬關係。其相關的儀節今人曾根據《詩經》及彝銘試擬如下：

一、占卜。徙封諸侯前，先舉行占卜之儀，以示慎重。

二、冊命。多追述受命者其先祖舊勳，勉勵其效法先祖型儀。

三、受納列土。

四、受民受疆土。

五、賞賜。或賞命服、或賞車馬、或賞旌旗、或賞弓矢、或賞車馬飾、或賞介圭、或賞秬鬯、或賞玉瓚等。

六、出祖。諸侯離京就國前，皆有祭祀路神之舉。〔註 114〕

在這些形式化儀節的背後也正反映了分封制的作用與精神。如透過「冊命」、「受納列土」及「賞賜」等儀節，宣示了天子的權威，以及今後封國該守的分際。又如「占卜」、「出祖」等儀節，表現了敬畏天地之意，亦象徵「天命」之所在。再如「受民受疆土」，反映了在「受民」儀節的背後，周王意欲藉此以分散、削弱異己的目的；而透過「受疆土」的儀節，其意義即在於周王藉此以達到深耕地方的目的。如《左傳・定公四年》中即有：

> 分魯以大路、大旂，夏后氏之璜，封父之繁弱，殷民六族，條氏、徐氏、蕭氏、索氏、長勺氏、尾勺氏，使帥其宗室，輯其分族，將其類醜，以法則周公。用即命于周。是使之職事于魯，以昭周公之明德。分之土田陪敦、祝、宗、卜、史，備物、典策，官司、彝器；因商奄之民，命以伯禽而封於少皞之虛。分康叔以大路、少帛、綪茷、旃旌、大呂，殷民七族，陶氏、施氏、繁氏、錡氏、樊氏、饑氏、終葵氏；封畛土略，自武父以南及圃田之北竟，取於有閻之土以共王職；取於相土之東都以會王之東蒐。聃季授土，陶叔授民，命以〈康誥〉而封於殷虛。皆啓以商政，疆以周索。分唐叔以大路、密須之鼓，闕鞏、沽洗，懷性九宗，職官五正，命以唐誥而封於夏

〔註 114〕汪中文，《西周冊命金文所見官制研究》，國立編譯館，台北，民國 88 年，頁 349～350。

虛，啓以夏政，疆以戎索。〔註 115〕

因此「受民受疆土」的儀節，當是周人在分封制中所欲達成的目的中最重要的部份。「周初分封諸侯授民的性質是周政權對所接納的異族進行重新安置，而不是推行種族的奴隸政策。它是周初以藩屏周，加速開闢新區政策中的重要一環。這種政策取得了成功，對於鞏固周人在廣大地區的統治起到了重要的作用。」〔註 116〕

因此，綜合以上所言來看，成康時代大致完成了鞏固周室的封建規模，東征後的周王室透過一連串的分封措施，藉此提高了王室的地位，相對而言，封國則大大減低了在武王時的「外自主性」之情形，如王國維所言：

逮克殷踐奄，滅國數十，而新建之國皆其功臣昆弟甥舅，本周之臣子；而魯、衛、晉、齊四國，又以王室至親爲東方大藩，夏殷以來古國，方之蔑矣。由是天子之尊，非復諸侯之長而爲諸侯之君。〔註 117〕

周王室與封國間既成了「君臣」的關係，而自此以下整個有周一朝的封國與王室間權利義務的關係則有如下表所示：〔註 118〕

表三　西周天子與諸侯權利義務關係表

性　質		內　　容
貢　賦		1. 諸侯所貢物，只限於本地的物產，金銀財物及車不在貢物之列。 2. 諸侯所貢因爵位等級國土大小而不同，公侯一位，伯一位，子男同一位。 3. 貢賦是經常的，若遇王室有特別災難，仍當盡力接濟。
役	工役	工役中最重要的莫如爲王室築城。
	兵役	天子所最依賴於各國，所最望於各國的報酬，便是兵 役。兵役可分兩種來說： 1. 爲王室平亂：一爲「戍」，即當王畿感到寇敵的倡脅，而兵力不足時，王便使人告於諸侯，而各國以兵來戍守王城。這種兵役期限是不定期，一到沒防守必要時便退去。一爲「平王室之亂」，若敵兵已攻入於王畿，或王室有內亂發生，便需要迅速的抵禦與平定。但王師兵力薄弱，不敷調用，唯一的方法只有坐待諸侯的援兵。 2. 爲王討諸侯：諸侯中有不盡職，不從王命，甚至謀叛而討伐之，以保全天子的威信，王室的秩序，及整個的統一。

〔註 115〕《春秋左傳・定公四年》，《十三經注疏》本，頁 947～949。

〔註 116〕尹盛平，〈新出太保銅器銘文及周初分封諸侯授民問題〉，《西周史論文集》上冊，陝西人民教育出版社，西安，1993 年，頁 229～230。

〔註 117〕王國維，〈殷周制度論〉，頁 449。

〔註 118〕本表據瞿同祖，《中國封建社會——周代社會組織》一書內容整理而成。里仁書局，台北，民國 73 年，頁 92～110。

巡 狩	天子巡行視察諸侯之國稱之。其功用在於視察民風，考察政治。
朝 聘	除天子巡狩外，更令諸侯以時來朝覲。這兩種都與天子諸侯以常接見的機會。諸侯自己來親朝，稱爲「朝」。而「聘」卻是諸侯不親來，但使卿大夫來。諸侯來朝之意，晏子說是爲「述職」，孟子解釋述職是來報告所司職務。諸侯負社稷之守，不能時離職守。所以非朝之年有聘。使卿往聘的職務只是納貢賦而已。
任 命	諸侯卿大夫中有由中央直接任命的，這樣一方面天子可以知道各國諸侯的政治。一方面，更不啻有人監察諸侯的行動。
隨 祀	隨王祭祀。
頒 賜	1. 天子四時祭祀後，必以祭肉賜以諸侯。 2. 喪事的賜頒，不外乎助生送死兩類。 3. 因諸侯勤謹公職，或對王室有功，而有所嘉獎。如「賜服飾器用」，其中弓、矢、鈇鉞，是有重大的意義，諸侯得到這賜物便可以專征伐擅生殺的。其它尚有「賜田邑」、「賜命」等，但「賜命」無法提高爵位，不過與禮儀服飾上都有好處。
通 慶 弔	天子崩必以遍告諸侯，諸侯聞訃，當致賻天子，天子葬時，諸侯都當親往參與葬禮。諸侯死了也告於天子，天子便遣使臣往弔，更派卿大夫參與葬禮。
特殊關係	以上是天子諸侯間一般的關係，還有一種，是天子和一、二諸侯間的特殊關係，即「諸侯爲王卿士」以及「通婚」等。

藉由以上的論述，我們可以之做爲考察西周一代封國自主性地位變化的依據。周王室與封國間的關係，相較於商朝及周武王時來看（見前節所述），自成康以後已漸禮制化，如養生送死均有一定的儀節規範，以凸顯出天子與諸侯間不同的階級地位，也藉此以做爲「封國」是否尊崇周天子的指標。此外，封國能否「專征伐擅生殺」，須得之於周王的「賜命」才可以使之，如《宜侯夨簋》中即有康王賞賜「彤弓一、彤矢百、旅弓十、旅矢千」〔註 119〕的作法，以象徵封國的征伐之權。因此，在禮制的規範下，成康時封國之自主性的程度或許不如商朝及周武時，不過西周中後期封國的地位也並非都一成不變，在這期間有些封國仍有相當「外自主」的表現，使得周王室的威信面臨了挑戰。

成王東征平亂後在宗周舉行祭祀大典，四方諸侯均與會助祭，樹立了的王室權威，如《保卣》銘文中即載：

……冓（遘）于四方迨（會）王大祀，祐（祐）于周，……。〔註 120〕

又，成王曾數次大會諸侯。成王六年，大會諸侯於歧陽，《左傳・昭公四年》椒舉之言曰：「成有歧陽之蒐」，〔註 121〕《國語・晉語》中亦載：「昔成王盟諸

〔註 119〕馬承源主編，《商周青銅器銘文選》第三卷，頁 34（彝銘拓片參見附錄圖八）。
〔註 120〕馬承源主編，《商周青銅器銘文選》第三卷，頁 22（彝銘拓片參見附錄圖六）。
〔註 121〕《春秋左傳・昭公四年》，《十三經注疏》本，頁 730。

侯于岐陽」。〔註122〕成王七年，「王如東都，諸侯來朝」。〔註123〕二十五年，「王大會諸侯于東都，四夷來賓」。〔註124〕這幾次的會盟展現了周王的權威，各封國咸遵周王之號令，前來與會。藉由盟會，可看出封國之外自主性已不若武王時足以威脅到王室的地位。這些盟會所代表的意義是，周王透過不斷地盟會來宣示王權，而同時亦藉此壓抑曾經高漲一時的封國，由此徹底改變了武王時封國與周王間的關係。其間雖曾有「彔國」之反叛，〔註125〕但以周室之實力似乎並不影響到周王的地位。

康王即位後，承繼了成王時的地位，與成王初即位時即發〈大誥〉於天下，準備興兵討伐「東國」的景況大相逕庭。從《尚書・康王之誥》中所載康王登基的片段，可以窺見一二：

> 王出在應門之內。太保率西方諸侯，入應門左；畢公率東方諸侯，入應門右；皆布乘黃朱。賓稱奉圭間兼幣，曰：「一二臣衛，敢執壤奠。」皆再拜稽首。王義嗣德，答拜。太保曁芮伯，咸進，相揖，皆再拜稽首。曰：「敢敬告天子，皇天改大邦殷之命，惟周文武，誕受羑若，克恤西土。惟新陟王，畢協賞罰，戡定厥功，用敷遺後人休。今王敬之哉！張皇六師！無壞我高祖寡命。」〔註126〕

康王初即位即受到諸侯的支持，並且受到太保及芮伯等老臣的耳提面命，告誡康王當保全文武以來所建立的基業。康王在位之時，仍能維持王室相當的威信。如康王即位之初，於《左傳・昭公四年》中即載有：「康有酆宮之朝」。〔註127〕另外，康王甚至有干涉封國內政的情形。如「晉侯作宮而美，康王使讓之。」〔註128〕由此可見康王時的封國，其內自主及外自主已不如武王時期外，相較於成王時，康王時封國的內自主多少可能受到了些限制。而康王伐東夷、鬼方所獲得的勝績，〔註129〕也助長了王室的威望。

〔註122〕《國語・晉語》，頁466。
〔註123〕王國維，《今本竹書紀年疏證》，收於《竹書紀年八種》，頁366。
〔註124〕同上，頁370。
〔註125〕《大保簋》：「王伐彔子耶（聖），㪟，氒反。」彔子，彔國的國君。四夷的國君被稱爲「子」。見馬承源主編，《商周青銅器銘文選》第三卷，頁24（彝銘拓片見附錄圖七）。
〔註126〕《尚書・康王之誥》，《十三經注疏》本，頁288～289。
〔註127〕《春秋左傳・昭公四年》，《十三經注疏》本，頁730。
〔註128〕王國維校補，《古本竹書紀年輯校》，收於《竹書紀年八種》，頁230。
〔註129〕伐東夷：《魯侯尊》：「唯王令明公遣三族伐東或（國），……。」《小臣謎簋》：

總結成康時期封國之自主性情況，若從「成康之世，天下安寧，刑措四十年不用」〔註 130〕的記載來看，似乎可以解讀爲，當時封國與王室間的關係和諧，不過此時王權高張，封國的地位卻相對地不如前朝，也正因爲如此，周王可以以其威望而維持天下安寧，誠如當今學者所言：

> 所謂「天下安寧」，並不意味著周人征服戰爭的停息而主要指内政的安寧。這所謂「内政」，也主要指周人封建制度和宗法制度的推行，當時諸侯對於周室的關係確實比較融洽，西周各級貴族的等級關係也甚井井有條。另外，對於人民群眾的關係，大約也還比較協調。但如果把「天下安寧」僅僅解釋爲「刑措」，那麼這樣的理解也未免偏頗。〔註 131〕

儘管當時天子與封國間的關係較爲「融洽」，不過相對來說成康時期的封國在自主性的表現上，卻是西周一朝較爲低落的時期。

「馭！東尸（夷）大反，白（伯）懋父吕殷八𠂤征東尸（夷）。唯十又一月，遣（遣）自𦣻𠂤，述東陕，伐海眉。……」《䨣鼎》：「隹王伐東尸（夷），溓公令䨣眔史旗曰：吕師氏眔有嗣遂（後）或（國）𢦏伐腺。……」《疐鼎》：「王令趞𢦚（捷）東反尸（夷），疐肇從趞征，……。」這些銘文所見伐東夷事蹟，據彝銘所載周人均獲得勝績。

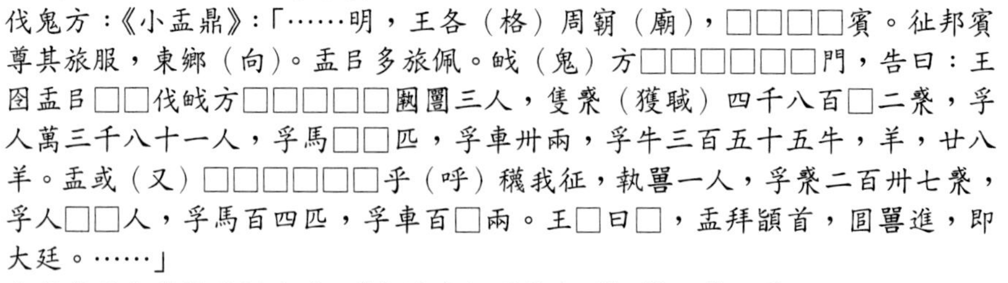
伐鬼方：《小盂鼎》：「……明，王各（格）周窮（廟），□□□□賓。征邦賓尊其旅服，東鄉（向）。盂吕多旅佩。戜（鬼）方□□□□□□門，告曰：王囹盂吕□□伐戜方□□□□□馘嚚三人，隻聝（獲馘）四千八百□二聝，孚人萬三千八十一人，孚馬□□匹，孚車卅兩，孚牛三百五十五牛，羊，廿八羊。盂或（又）□□□□□□乎（呼）穖我征，執嚚一人，孚聝二百卅七聝，孚人□□人，孚馬百四匹，孚車百□兩。王□曰□，盂拜韻首，囙嚚進，即大廷。……」

上引彝銘分見馬承源主編，《商周青銅器銘文選》第三卷，頁 35、50～52、41（彝銘拓片分別參見附錄圖九、一四、一五、一六、一一）。

〔註 130〕王國維校補，《古本竹書紀年輯校》，收於《竹書紀年八種》，頁 230。

〔註 131〕沈長雲，〈論周康王〉，《西周史論文集》下冊，陝西人民教育出版社，西安，1993 年，頁 964～965。

第二章　封建王權下封國之自主

本章旨在論述西周中期至春秋前期的封建形勢，亦即自周昭王至齊桓公稱霸這段期間，周王與諸侯間勢力消長之情形。從周王權勢的日漸式微正反映了封國自主性地位同時也在不斷的提昇，這種封國自主性地位的變化有「量變」也有「質變」，而這即是本章所欲探討的內容。

第一節　周王與封國地位之消長

自成康時代建立了分封制的規模以後，分封制成了西周一朝王權鞏固的重要基礎之一，此後王室的威信也藉此徹底建立了起來。大體而言，直到西周末年，周王似乎仍有其一定的天子威望，我們從著名的「烽火戲諸侯」的歷史典故中或可看出。這段事蹟在《史記・周本紀》中有如下的記載：

> 褒姒不好笑，幽王欲其笑萬方，故不笑。幽王爲烽燧大鼓，有寇至則舉烽火。諸侯悉至，至而無寇，褒姒乃大笑。幽王說之，爲數舉烽火。其後不信，諸侯益亦不至。〔註1〕

這段典故的背後說明了直到西周末年，封國仍能依彼此間的義務來加以履行，幽王「數舉烽火」，各地諸侯仍然前來「勤王」，直到「其後不信」，各地前來勤王的封國之師才「益亦不至」，由此可見當時封國是有其「不履王命」之外自主性，同時也反映了此時王室威望的低落，而在種種因素的使然下，終使得西周走向了覆亡的命運。

從表面看來，西周一朝的天子似乎有相當的威信，不過昭王以後的封國卻也有其一定的自主性表現，並非完全地接受周王的號令或遵從體制，如張

〔註1〕《史記・周本紀》，頁148。

蔭麟先生所言：

> 名義上，這整個的帝國都是「王土」，整個帝國裡的人眾都是「王臣」；但事實上開國初年的武威過去以後，周王的勢力大抵只及於畿內，畿外盡是自主的國。〔註2〕

因此，西周中期以後周王與封國間的關係，不該單純的只是「王土」、「王臣」的概念而已，應該注意到封國仍有其「自主性」的一面，尤其是「外自主」的表現，雖還不致於發生類似周初動搖國本的「三監之亂」，不過在日益高張的自主表現下，卻也對周王的威信有了相當的影響。

《史記》載有：「昭王之時，王道微缺」；〔註3〕而穆王繼位，「王道衰微，穆王閔文、武之道缺，乃命伯臩申誡太僕國之政，作臩命。復寧。」〔註4〕二傳至懿王，「王室遂衰，詩人作刺。」〔註5〕之後「當周夷王之時，王室微」。〔註6〕這些在《史記》中有關西周中期以後「王室衰微」的記載，或即意謂著當時的周王當無法完全駕馭諸侯，王權受到了限制，相反的，由此也反映了當時的封國是有其相當自主性的表現。至於昭王以後封國「自主性」的表現有那些方面，以下將分「王室與封國間的互動」，以及「體制」等兩大部份來加以論述。

一、從王室與封國間的互動看封國之自主

就周王室與封國間的互動來看，曾經發生了以下的幾種情況：

（一）昭王南征不復

據古本《竹書紀年》所載：「昭王十六年，伐楚荊，涉漢，遇大兕。十九年，天大曀，雉兔皆震，喪六師于漢。昭王末年，夜清五色，光貫紫微。其年，王南巡不反。」〔註7〕又今本《竹書紀年》亦載：「十六年，伐楚，涉漢，遇大兕。十九年春，有星孛于紫微。祭公、辛伯從王伐楚。天大曀，雉兔皆震，喪六師于漢。」〔註8〕從以上的記載可知，疑昭王當有兩次南征的行動，

〔註2〕張蔭麟，〈周代的封建社會〉，《清華學報》第十卷第四期，清華大學，北平，民國24年10月，頁803。

〔註3〕《史記・周本紀》，頁134。

〔註4〕同上，頁134～135。

〔註5〕同上，頁140。

〔註6〕《史記・楚世家》，頁1692。

〔註7〕王國維校補，《古本竹書紀年輯校》，收於《竹書紀年八種》，頁230。

〔註8〕王國維，《今本竹書紀年疏證》，收於《竹書紀年八種》，頁375。

〔註 9〕而第二次的伐楚行動，昭王竟「卒於江上」。〔註 10〕對於這件「歷史公案」，春秋時的管仲曾以「昭王南征而不復，寡人是問」〔註 11〕而質問於楚國，不過楚王卻以「昭王之不復，君其問諸水濱」〔註 12〕來加以推諉。〔註 13〕昭王伐楚不返，大概與楚國脫離不了關係，以當時王師之浩蕩，當不可能只是單純的由船人自己進膠船給昭王而造成溺斃。〔註 14〕因此對於昭王之溺斃，楚國當有可能是始作俑者，藉此以表達對周王伐楚（或謂南巡）之不滿。若是如此，楚國的作爲反映了對王權的潛在挑戰，封國之自主性亦可能對周王的威信帶來威脅，甚至影響到周王的性命。而此事發生之後，不見史載楚國有受到任何懲罰的舉措，這或許楚國有其推諉的藉口，如前所言「君其問諸水濱」，同時周王室在缺乏直接的證據及有力的出兵理由下，亦實在很難號召諸侯來共同懲處楚國；另外「周人諱之」之因，大概是因爲此事對王室的威信有其負面的影響，過度張揚將不利於王室。因此，從這整個事件前後來看，或許當時的封國並非都那麼輕易地臣服、聽命於周王，因而使得楚國竟敢沉昭王於漢水濱。再者，以五十歲之齡繼位的穆王〔註 15〕何以不大張旗鼓地動員各國來聲討楚國？〔註 16〕反而吾人所看到的結果卻是周人以隱諱的態度來

〔註 9〕其說見楊伯峻，《春秋左傳注》，中華書局，北京，1995 年，頁 291。其中十六年之南征，據彝銘來看，當頗有所獲，而至十九年再伐荊楚，則不復矣。其說見氏著。

〔註 10〕《史記・周本紀》，頁 134。

〔註 11〕《春秋左傳・僖公四年》，《十三經注疏》本，頁 202。

〔註 12〕同上。

〔註 13〕楊伯峻以爲：「昭王不復，罪大，故推諉。」不過，杜預注卻云：「昭王時漢非楚境，故不受罪。」今從楊說。見氏著，《春秋左傳注》，頁 291。

〔註 14〕據《史記正義》引《帝王世紀》云：「昭王德衰，南征，濟于漢，船人惡之，以膠船進王，王御船至中流，膠液船解，王及祭公俱沒于水中而崩。其右辛游靡長臂且多力，游振得王，周人諱之。」（見《史記・周本紀》，頁 135。）又據《呂氏春秋・音初篇》所載：「周昭王親將征荊，辛餘靡長且多力爲王右，還反涉漢，梁敗，王及蔡公抎於漢中，辛餘靡振王北濟，又反振蔡公，周公乃侯之于西翟，實爲長公。」（見《呂氏春秋・季夏紀・音初》，《新編諸子集成》本，頁 58。）以上兩說來看，其共同點皆謂昭王溺斃，不過溺斃之因，當與楚人脫離不了關係。如楊寬即認爲：「所謂『梁敗』，是浮橋突然敗壞，當由於遇到楚人的突然襲擊，浮橋敗壞，因而昭王和隨從的卿士祭公都跌落漢水中。」（見楊寬，《西周史》，頁 530。）

〔註 15〕《史記・周本紀》：「穆王即位，春秋已五十矣。」，頁 134。

〔註 16〕《春秋左傳・桓公五年》：「王奪鄭伯政，鄭伯不朝。秋，王以諸侯伐鄭，鄭伯禦之。王爲中軍；虢公林父將右軍・蔡人、衛人屬焉；周公黑肩將左軍・

面對此事，而這是否也正說明了當時封國外自主性地位之升高，非有充分的理由與條件，各封國是不見得會聽從周王的號令並支持周王的。

（二）諸侯不朝及夷王下堂見諸侯

據《史記》所載，西周中、後期的封國，曾經出現不朝周王的情形：

> 當周夷王之時，王室微，諸侯或不朝，相伐。〔註 17〕
>
> （厲）王怒，得衛巫，使監謗者，以告則殺之。其謗鮮矣，諸侯不朝。〔註 18〕

夷王及厲王時諸侯不朝，當與周王個人的作爲有相當的關係。夷王曾有烹殺諸侯之舉：

> 三年，王致諸侯，烹齊哀公于鼎。〔註 19〕
>
> 哀公時，紀侯譖之周，周烹哀公而立其弟靜，是爲胡公。〔註 20〕

夷王受到紀侯讒言的影響而烹殺哀公，想必哀公的死應是相當的無辜，這樣的舉措當會引起其他封國的不滿，造成封國對王室的疏離。這樣類似的例子就曾發生於商紂之時：「紂又用惡來。惡來善毀讒，諸侯以此益疏。」〔註 21〕因此，我們不敢斷言所謂「王室微，諸侯或不朝」的眞正原因爲何？但是「殷鑑不遠」，或許由於夷王聽信讒言，使得封國對王室失去了向心力，再加上自恭王以來的政爭問題〔註 22〕可能亦影響了封國與王室間的關係，終而造成「諸侯不朝」的局面。而後者則因厲王無道，好利、監謗，終而發生「諸侯或叛之」、〔註 23〕諸侯不朝的情形。

陳人屬焉。」（《春秋左傳・桓公五年》，《十三經注疏》本，頁 106。）當春秋初期，王室地位衰微之際，周桓王尚且欲聯合虢、蔡、衛、陳等封國的軍隊討伐鄭國以重振王室之威信，更何況西周中期之穆王乎？

〔註 17〕《史記・楚世家》，頁 1692。

〔註 18〕《史記・周本紀》，頁 142。

〔註 19〕王國維校補，《古本竹書紀年輯校》，收於《竹書紀年八種》，頁 234。

〔註 20〕《史記・齊太公世家》，頁 1481。

〔註 21〕《史記・殷本紀》，頁 106。

〔註 22〕葉達雄即認爲：「恭王時代一面加緊禮制，另一方面卻是大臣用事，故而周王與大臣，大臣與大臣之間逐漸產生離心現象，所以到恭王之後，懿王即位，這時候有一派就擁護孝王，勢力逐漸強大，到懿王之後，孝王便取代了王位，而使西周傳子的制度中斷一時。到了孝王之後，夷王即位才又恢復。此後夷王的烹齊哀公，我想與此也有關係。」見氏著，《西周政治史研究》，頁 85～86。

〔註 23〕《史記・秦本紀》，頁 178。

這兩者「諸侯不朝」的情況或許還有其他的因素，然而當周王的舉措無法令其信服時，各封國卻可以「自主」地決定是否來朝，不過這也要盱衡彼此的實力才行，當然這些不朝的諸侯當非是全部的封國，然而史籍既有所載，當時不朝的諸侯應不在少數且持續了一段時間才是。

除了上述諸侯不朝的情形外，亦出現了夷王下堂迎諸侯的失禮情事：

覲禮，天子不下堂而見諸侯。下堂而見諸侯，天子之失禮也，由夷王以下。〔註24〕

至周夷王下堂而迎諸侯，此天子失禮，微弱之始也。〔註25〕

夷王下堂見諸侯，大概是打破周王室的先例，由《禮記》所載，自夷王以下，或許這種情況當不算少見。而「君臣上下之分素，則禮制立矣。」，〔註26〕既然規範君臣上下關係的禮制已經打破，則王室的崇高地位勢必大受影響，即如《後漢書》所言「微弱之始也」。這個現象說明了自此以後的西周王室是否能受到封國的尊崇並受禮法的約束，當視周王的實力與封國的態度而定。〔註27〕

因此從以上所述「諸侯不朝」及「夷王下堂」的情況來看，假如周王沒有足夠的實力與威信，即使在禮制的制約下，亦不見得能夠規範彼此的「君臣」關係，封國仍會有相對的外自主表現。

（三）擁立夷王及共和行政

夷王是由於受到諸侯的擁立才得以繼位爲王，《史記・周本紀》載：

孝王崩，諸侯復立懿王太子燮，是爲夷王。〔註28〕

其實依照周人的宗法制度，當懿王去世時，當由其太子燮即位才是，結果竟由恭王弟辟方，即懿王的叔父繼位：〔註29〕

懿王崩，共王弟辟方立，是爲孝王。〔註30〕

〔註24〕《禮記・郊特牲》，《十三經注疏》本，藝文，台北，民國86年，頁486。

〔註25〕《後漢書・輿服上》，鼎文，台北，民國80年，頁3640。

〔註26〕《管子・君臣下》，《新編諸子集成》本，世界，台北，民國80年，頁177。

〔註27〕葉達雄即認爲：「而夷王時代的下堂見諸侯，正說明貴族諸侯權力的高漲。」（見氏著，《西周政治史研究》，頁89。）不過崔述於《豐鎬考信錄》卷六中卻認爲：「故凡經傳稱君弱臣強者，多自臣之僭禮言之；若天子過於降抑，此自其君之謙，不必皆微弱而後然。」，頁31。崔氏之說或有過於理想化之嫌，故從葉氏之說，今錄此以備參考。

〔註28〕《史記・周本紀》，頁141。

〔註29〕孝王得以即位之因，可參見註22。

〔註30〕同上。

這樣的做法顯然違反了周人的宗法禮制，使得王位的傳子之制一時中斷，這樣的作爲當可能會引起一些封國的不滿，尤其是姬姓封國。雖然我們無法從文獻上得知當時各封國的態度，但是從諸侯們在孝王死後竟「復立」懿王的太子燮而不支持孝王的子嗣來看（照常理孝王當有子嗣才是），〔註31〕大概當時的諸侯們應是想藉由此舉來維護宗法制度的精神，故擁立了夷王。因此，從這次王位繼承的過程可以看出，此時封國對於周王的嗣立是有舉足輕重的影響力。

厲王在位其間曾因好利、監謗，「於是國莫敢出言，三年，乃相與畔，襲厲王。厲王出奔彘。」〔註32〕厲王奔彘期間有所謂的「共和行政」：〔註33〕

古本《竹書紀年》載：

共伯和干王位。

共和十四年，大旱，火焚其屋，伯和篡位。〔註34〕

今本《竹書紀年》載：

十三年王在彘，共伯和攝行天子事。〔註35〕

今根據古本、今本《竹書紀年》來看，共伯和〔註36〕當於王位虛懸期間曾經執掌政權，這大概是從周公攝政以來，首位以同姓外藩諸侯〔註37〕的身份當國，這可是開了地方封君代行王政的先例，雖然如此，他卻能夠掌政到宣王即位，並且沒有發生如周公攝政時的亂事，順利地將政權交付給宣王，這當屬難能可貴，其作爲當可媲美周公，而這當亦受到了其他封國的支持：

周厲王無道，國人作難，王奔于彘，諸侯率和以行天子事，號曰共

〔註31〕「懿王之崩，子若弟不得立而立孝王。孝王之崩，子又不立而仍立懿王子，此必皆有其故；史失之耳。」見崔述，《豐鎬考信錄》卷六，頁29。

〔註32〕《史記・周本紀》，頁142。

〔註33〕「關於共和的說法，歸納之有四：一、厲王出奔，周、召二公秉政。此史記所載，而崔述、瀧川二氏主之；二、共伯和主政。此竹書紀年、莊子、魯連子、呂覽、漢書古今人表所載，蘇氏古史、俞樾、楊樹達、陳槃諸氏主之。三、周同姓諸侯更番主政。此左傳昭公二十六年之說。竹添光鴻氏主之。四、在朝公卿與同姓外藩諸侯更番主政，此張師以仁之說。」見葉達雄，《西周政治史研究》，頁101。今採（2）說。

〔註34〕王國維校補，《古本竹書紀年輯校》，收於《竹書紀年八種》，頁235。

〔註35〕王國維，《今本竹書紀年疏證》，收於《竹書紀年八種》，頁387。

〔註36〕《漢書・古今人表》引師古曰：「共，國名也。伯，爵也。和，共伯之名也。共音恭。而遷史以爲周召二公行政，號曰共和，無所據也。」《漢書》，鼎文，台北，民國80年，頁898～899。

〔註37〕據陳槃，〈列國簡考〉，《中國上古史待定稿》第三本，中研院史語所，台北，民國74年，頁24。

和元年。〔註38〕

這次的共和行政，展現了封國在王室權力不穩的情勢下，適時地接掌王政並扮演了安定政局的角色，與周初欲取代周王的「三監之亂」不可同日而語。共伯以封國之君的地位，竟能獲得各封國的支持以掌王政，最後「共伯使諸侯奉王子靖爲宣王」，〔註39〕這正是封國一種高度外自主的表現，不過與周初管、蔡等人所表現「自主」的手段，卻又有天壤之別了。

綜觀上述的情形，其意義也正說明了在王室與諸侯間的權力關係結構上，封國將可能適時地扮演重要而關鍵的自主性角色。

（四）魯人不從宣王命

宣王在位期間曾因不依宗法立了魯國的嗣君，而引起了魯人的不滿殺掉其所立之嗣君，宣王進而伐魯，並使得封國不再親睦於宣王：

> 魯武公以括與戲見王，王立戲，樊仲山父諫曰：「不可立也！不順必犯，犯王命必誅，故出令不可不順也。令之不行，政之不立，行而不順，民將棄上。夫下事上，少事長，所以爲順也。今天子立諸侯而建其少，是教逆也。若魯從之而諸侯效之，王命將有所壅，若不從而誅之，是自誅王命也。是事也，誅亦失，不誅亦失，天子其圖之！」王卒立之。魯侯歸而卒，及魯人殺懿公而立伯御。
>
> 三十二年春，宣王伐魯，立孝公，諸侯從是而不睦。宣王欲得國子之能導訓諸侯者，樊穆仲曰：「魯侯孝。」王曰：「何以知之？」對曰：「肅恭明神而敬事其耇老；賦事行刑，必問於遺訓而咨於故實；不干所問，不犯所咨。」王曰：「然則能訓治其民矣。」乃命魯孝公於夷宮。〔註40〕

宣王自己破壞了宗法禮制，卻又伐魯另立孝公，使得封國不再順服於周王，樊山仲父即言，「誅亦失，不誅亦失」，最後宣王只得任命以孝聞名的魯孝公來「導訓」諸侯。從此事可以看出，在周王與封國的互動中，王命是得依循禮制來走的，若依個人的好惡而破壞了體制，所招致的將可能是封國的不從以及不睦於

〔註38〕《史記・周本紀・正義》引《魯連子》，頁144。

〔註39〕同上。不過今本《竹書紀年》卻載：「大旱既久，廬舍俱焚，會汾王崩，卜于大陽，兆曰：厲王爲崇。周公、召公乃立太子靖。共和遂歸國。和有至德，尊之不喜，廢之不怒，逍遙得志于共山之首。」見王國維，《今本竹書紀年疏證》，收於《竹書紀年八種》，頁389。

〔註40〕《國語・周語上》，頁22～23。

王室。而司馬遷對於「禮義之治」的看法可以做爲對此事最好的註解：

> 治辨之極也，彊固之本也，威行之道也，功名之總也。王公由之，所以一天下，臣諸侯也；弗由之，所以捐社稷也。故堅革利兵不足以爲勝，高城深池不足以爲固，嚴令繁刑不足以爲威。由其道則行，不由其道則廢。〔註41〕

因此，此次魯人之不從王命與封國之不親睦於王室，源於宣王作爲之不當，這也充份展現出封國相對於王權而言，並非事事「聽命」於周王，儘管周王的地位於「君統」則在魯君之上，於「宗統」則爲姬姓宗族之長，但亦不可不守體制而任立其君。由此看來，一旦王命有不合禮制之情形，封國對於王命仍會表現出其自主而有不從王命的態度，也因此使得宣王必須以「禮義」來導訓諸侯，以維護周王之威信，從此事亦表現出封國的「內自主」性是不容王室來干預的。

總結前面周王與封國間互動的情形來看，西周中期以後的封國並非完全遵行其義務，如「朝覲」之禮，封國便有不朝甚至周王下堂迎見諸侯的情形，這種現象除反映了「王道衰微」之外，也說明了封國有其「自主性」的一面。而其他所述的幾種情形，亦是封國自主性的充分表現。

二、從「體制」看封國之自主

就體制而言，亦有幾種表現出封國「自主性」的情形：

（一）諸侯稱王

從文獻記載及青銅彝銘中可知，西周一朝曾經出現了諸侯稱王的現象，其稱王者有以下諸國：

如楚國。據《史記・楚世家》所載，楚人曾於夷王時稱王，但於厲王時畏其征討而去其稱號：

> 熊渠生子三人。當周夷王之時，王室微，諸侯或不朝，相伐。熊渠甚得江漢閒民和，乃興兵伐庸、楊粵，至于鄂。熊渠曰：「我蠻夷也，不與中國之號謚。」乃立其長子康爲句亶王，中子紅爲鄂王，少子執疵爲越章王，皆在江上楚蠻之地。及周厲王之時，熊渠畏其伐楚，亦去其王。〔註42〕

〔註41〕《史記・禮書》，頁1164。
〔註42〕《史記・楚世家》，頁1692。

楚人雖一度去其王號，不過在周平王年間，楚君熊通卻又於伐隨其間自尊爲王：

> 楚熊通怒曰：「吾先鬻熊，文王之師也，蚤終。成王舉我先公，乃以子男田令居楚，蠻夷皆率服，而王不加位，我自尊耳。」乃自立爲武王，與隨人盟而去。〔註 43〕

楚人利用周室衰微之際以羋姓子爵身份〔註 44〕兩度稱王，前者熊渠以「蠻夷」自居爲由而封其子爲王，後者熊通卻以其先祖有功於周室而欲加位爲由，自封爲王。從楚君稱王的理由來看，楚人與周人似乎保持一種若即若離的姿態，而這種姿態的出現，與其在先秦民族結構中的特殊性有關：

> 其實，楚人在先秦民族結構中所佔的地位相當特殊，西周時非夏非夷，春秋時亦夏亦夷，直到春秋末才正式與華夏認同。〔註 45〕

從以上的認識來看，似乎應將楚人視爲周人勢力範圍內的封國，只是比之於中原華夏封國較具有「邊陲」的特殊性，更何況楚國對周天子仍有其應盡的職務。〔註 46〕因此，楚人的稱王應是在周人封建王權勢力範圍下的一種「外自主」性的表現。

如夨國。夨國稱王見於銅器彝銘：〔註 47〕

> 《夨王方鼎蓋》：夨王乍寶尊彝。
>
> 《夨王壺》：夨王乍寶彝。
>
> 《同卣》：隹十又一月夨王易同金車、弓、矢。……
>
> 《散盤》：……氒（厥）爲圖，夨王于豆新宮東廷。……

夨國稱王當在整個西周時期，如上述《夨王方鼎蓋》、《夨王壺》及《同卣》均屬西周早期，即昭王以前之器物，而《散盤》則屬於厲王時的器物。〔註 48〕不過，夨國能以姬姓伯爵〔註 49〕的身份於整個西周時期稱王，可見應是獲得

〔註 43〕同上，頁 1695。

〔註 44〕據陳槃的考據，楚國「羋」姓，或作「嬭」，一作「孀」；爵「子」，或稱「王」，或稱「公」，或稱「侯」，或稱「伯」，或稱「男」。陳槃，〈列國簡考〉，頁 215。

〔註 45〕張正明，《楚文化史》，上海人民出版社，上海，1996 年，頁 25。

〔註 46〕熊繹對周天子應盡的職分，主要有下列三項：其一，是守燎以祭天。其二，是貢苞茅以縮酒。其三，是貢桃弧、棘矢以禳災。詳見張正明，《楚文化史》，頁 18～20。

〔註 47〕以下彝銘分別引自馬承源主編，《商周青銅器銘文選》第三卷，頁 98～99、298（彝銘拓片分別參見附錄圖十七、十八、十九、三一）。

〔註 48〕以上諸器之斷代係據《商周青銅器銘文選》之分期。同上註。

〔註 49〕夨國姓氏及爵位之論述，見曹定雲，〈西周夨國考〉，《出土文獻研究》第五集，

周王的認可。

如呂國。呂似爲莒國，〔註 50〕己姓子爵〔註 51〕之國，其稱王可見於西周晚期的青銅彝銘：〔註 52〕

《呂王鬲》：呂王乍尊彝，子子孫孫永寶享用。

《呂王壺》：呂王𩰫乍內（芮）姬尊壺，其永寶享用。

如彔國。彔國「殆即《春秋》文五年『楚人滅六』之六」，〔註 53〕以其偃姓子爵〔註 54〕之國稱王，可見於穆王時的《彔伯㦰簋》：

……彔白（伯）㦰敢拜手䭫首，對（對）揚天子不顯休，用乍朕皇考釐王寶尊簋。……〔註 55〕

銘文中彔伯對其父考稱「釐王」，當亦表示其有稱王之舉。

如乖（茍）國。乖（茍）國即歸國也，〔註 56〕以芈姓子爵〔註 57〕之國稱王，可見於恭王時的《乖伯簋》：

……歸夆敢對揚天子不丕魯休，用乍朕皇考武乖幾王尊簋，……〔註 58〕

科學出版社，北京，1999 年，頁 111～116。

〔註 50〕曾謇，〈周代非封建社會論〉，《食貨半月刊》第三卷第十期，新生命書局，上海，民國 25 年 4 月，頁 12。曾氏於文中將《呂王鬲》、《呂王壺》之呂視爲莒國。不過，在《商周青銅器銘文選》中則釋爲「呂國」，即「甫」國，姜姓，爲周穆王所封。（見馬承源主編，《商周青銅器銘文選》第三卷，頁 344。）今暫從曾說。

〔註 51〕子爵，或稱公，或稱侯。己姓，通作紀，或作嬴，亦作盈。引自陳槃，〈列國簡考〉，頁 218。

〔註 52〕其斷代及彝銘見馬承源主編，《商周青銅器銘文選》第三卷，頁 344（彝銘拓片分別參見附錄圖三三、三四）。

〔註 53〕郭沫若，《兩周金文辭大系圖錄考釋（下）》，上海書店，上海，1999 年，頁 63。

〔註 54〕其爵位或說「子」，彔器中或稱王，或稱公，或稱伯，或稱子。其姓「偃」，古文作「匽」。通作嬴，或作盈。或說：姬。又彔，金文《世族譜》以爲姜姓。引自陳槃，〈列國簡考〉，頁 245。

〔註 55〕斷代及彝銘見馬承源主編，《商周青銅器銘文選》第三卷，頁 118（彝銘拓片參見附錄圖二一）。

〔註 56〕將「茍」釋爲「歸」國，詳見郭沫若，《兩周金文辭大系圖錄考釋（下）》，頁 148。

〔註 57〕夔國，或作歸，或作歸夷，或作隗。子爵，或稱王。芈姓。引自陳槃，〈列國簡考〉，頁 244。

〔註 58〕斷代及彝銘見馬承源主編，《商周青銅器銘文選》第三卷，頁 140（彝銘拓片參見附錄圖二三）。

此銘同《彔伯𢦚簋》一樣，乖（䒤）伯稱其父考為「幾王」，當亦有稱王之舉。

其他稱王的諸侯還有散國、吳國及𢿚國等。〔註 59〕不過，對於這些諸侯稱王的現象，王國維提出了以下的看法：

> 蓋古時天澤之分未嚴，諸侯在其國自有稱王之俗，即徐楚、吳楚之稱王者亦沿周初舊習，不得盡以僭竊目之。苟知此，則無怪乎文王受命稱王而仍服事殷矣。〔註 60〕

另外，當今的學者亦有如下的看法：

> 因此，稱「王」或不稱「王」，不在於周之同族或異族，而在於該國的地理位置及與周王朝之關係。夨國與周雖屬同姓，但由於地處邊陲，又雜居於犬戎之間，周王朝勢力難以顧及。而且，在這一帶稱「王」者，也並非夨國一家（前已指出，散國也稱王）。加之夨國與周本為同姓，其關係與異姓相比，自然更密切一些，故夨國稱「王」，周天子也就聽之任之了。〔註 61〕

綜合以上的看法，除楚國外，西周時期諸侯稱王乃沿續舊習，而且是在諸侯的封國內部，並非如同周天子般是為「昭告天下」的共主，其內涵當不同於周王室的「王」，而且這些封國也多位在周王勢力的邊陲，亦不致影響到周王威信。而此時正當周室勢微之際，周王藉由聽任這些封國的「自主」或可收羈縻之效。不過，儘管這些封國自主性的稱王，大致上周王雖不加干涉，但此時的「王」並無二尊，如顧炎武所言：

> 《尚書》之文但稱「王」，《春秋》則曰「天王」，以當時楚、吳、徐、越皆僭稱王，故加「天」以別之也。趙子曰：「稱天王，以表無二尊」是也。〔註 62〕

雖然顧氏所言為春秋之情況，不過亦可做為西周中後期周王與封國間關係的註腳。因此，西周的諸侯稱王，除楚國為「外自主」的表現外，其他稱王的封國則應視為是一種「內自主」的表現。

〔註 59〕其稱王彝銘分別見於《散季簋》、《吳王姬鼎》及《𢿚王盉》等。其中吳國、𢿚國為姬姓諸侯，而散國為異姓諸侯。詳見曹定雲，〈西周夨國考〉，頁 116。

〔註 60〕王國維，〈古諸侯稱王說〉，《觀堂別集》卷一，收於《王觀堂先生全集》冊四，文華出版公司，台北，民國 57 年，頁 1255。

〔註 61〕曹定雲，〈西周夨國考〉，頁 116。

〔註 62〕清・顧炎武著、黃汝成集釋，《日知錄集釋》，岳麓書社，長沙市，1996 年，頁 121。

（二）穆王作脩刑辟

周穆王在位期間曾作〈呂刑〉，其內容大致如下：

王曰：「吁！來！有邦有土，告爾祥刑。在今爾安百姓，何擇非人？何敬非刑？何度非及？兩造具備，師聽五辭；五辭簡孚，正於五刑；五刑不簡，正於五罰；五罰不服，正於五過；五過之疵，惟官、惟反、惟內、惟貨、惟來，其罪惟鈞，其審克之。五刑之疑有赦，五罰之疑有赦，其審克之。簡孚有眾，惟貌有稽；無簡不聽，具嚴天威。墨辟疑赦，其罰百鍰；閱實其罪。劓辟疑赦，其罰惟倍；閱實其罪。剕辟疑赦，其罰倍差；閱實其罪。宮辟疑赦，其罰六百鍰，閱實其罪。大辟疑赦，其罰千鍰；閱實其罪。墨罰之屬千，劓罰之屬千，剕罰之屬五百，宮罰之屬三百，大辟之罰，其屬二百。五刑之屬三千。……」〔註63〕

而當時穆王作〈呂刑〉最主要的用意，據清人崔述引蔡沈《書傳》所言是爲斂財，且認爲周道之衰自穆王始：

若五刑果有疑，自當酌量減免，豈得反因之以爲利！蔡氏《書傳》云：「穆王巡遊無度，財匱民勞；至其末年，無以爲計，乃爲此一切權宜之術以斂民財：夫子錄之，蓋亦示戒。」其論當矣。蓋周之衰自穆王始，故錄此篇以志文武成康之法之所由變，爲後世變祖宗之法以聚斂者之戒，與後錄〈文侯之命篇〉意同：此見周道之始衰，彼見周勢之所以不再振也。〔註64〕

蔡沈以爲由於穆王的巡遊無度造成國庫的空虛，因此須藉由作法來增加歲收。蔡沈「斂財」之說是否正確雖有待討論，不過當時「財匱民勞」卻是相當有可能的。除了前述因穆王巡遊無度的原因外，可能還有以下的兩個原因：一是穆王在位期間曾有多次的征伐行動。據今本《竹書紀年》所載，穆王曾有以下幾次的軍事行動：〔註65〕

十二年，毛公班、井公利、逢公固，從王伐犬戎。

冬十月，王北巡狩遂征犬戎。

〔註63〕《尚書・呂刑》，《十三經注疏》本，藝文，台北，民國86年，頁300～301。

〔註64〕崔述，《豐鎬考信錄》卷六，頁25。

〔註65〕以下所述，見王國維，《今本竹書紀年疏證》，收於《竹書紀年八種》，頁377、379、380。其中十四年的伐徐戎之舉，崔述認爲不可採，葉達雄認爲頗有道理，詳見氏著，《西周政治史研究》，頁82～83。今錄之，以備參考。

十三年春，祭公帥師從王西征，次於陽紆。

十四年，王帥楚子伐徐戎，克之。

十七年，王西征昆侖邱，見西王母。

王北征，行流沙千里，積羽千里。征犬戎，取其五王以東。

西征至于青鳥所解。

三十七年，大起九師，東至於九江，架黿鼉以爲梁，遂伐越至於紆。

此外，據彝銘所記，穆王亦有伐淮夷和東國痡戎之舉。〔註 66〕因此，從穆王多次的軍事行動來看，其造成國庫及人民負擔的沉重當可以想見，而「昭、穆以後，恭、懿、孝時代並未見對外有用兵的記載。到了夷王時代，只有一次，是伐太原之戎的。」〔註 67〕這大概即反映了在恭、懿、孝、夷之時，已因「財匱民勞」而無法再採取積極的征伐行動了。

另一個造成「財匱民勞」的原因，可能是起因於諸侯的不睦，而這也正是穆王作〈呂刑〉之因，據《史記》所載：

諸侯有不睦者，甫侯言於王，作脩刑辟。〔註 68〕

《史記》雖沒有明言「諸侯不睦」的情形，不過卻有可能因衝突的發生使得封國無法按時對王室進行貢賦而影響到王室的歲入。雖封國對王室有貢賦的義務，「但依禮王室卻不應開口向諸侯有所要求」。〔註 69〕因此，儘管王室有財政上的困難，卻也不好向諸侯們開口，否則將有失周王的威望，因此相對的，此刻封國的貢賦對已財務困難的周王室而言也就格外的重要。然而當時王室已因穆王的巡遊無度以及連年的對外征伐使得財用不足，卻又可能因封國的「不貢」，而使得王室的財政更爲雪上加霜。大概當時甫侯已察覺到「諸侯不睦」對於王室財政及周王威信所造成的不利影響，因此將情況言於穆王而遂有〈呂刑〉之作。藉由〈呂刑〉的公佈，一則將罪行可疑者改以罰金懲處，藉此以增加國庫之收入，如蔡沈之所言；一則藉此以警示周朝境內不睦的諸侯及不法之徒，如〈呂刑〉中即有「荒度作刑以詰四方」〔註 70〕之語，以建立周王之威信。

從前面所述來看，穆王作〈呂刑〉所反映的意義當如崔述所言「此見周道

〔註 66〕楊寬，《西周史》，頁 530～532。

〔註 67〕葉達雄，《西周政治史研究》，頁 83。

〔註 68〕《史記・周本紀》，頁 138。

〔註 69〕瞿同祖，《中國封建社會——周代社會組織》，頁 95。

〔註 70〕《尚書・呂刑》，《十三經注疏》本，頁 296。

之始衰」,「穆王既遠征崑崙山,又建立刑法制;美言之可視其爲成大事之君,而惡言則又可視其爲衰德之君,即如孔子所批評:道之以政,齊之以刑,民免而無恥。」〔註 71〕因此〈呂刑〉之作一來反映了周室因「財匱民勞」而使其實力大受影響,因此有些封國將可能不完全接受周王的號令或履行其義務;二來反映了周王自周初以來的武威不再,諸侯地位的提高,因此必須藉「作脩刑辟」以樹威,而在「恭王時代已經有諸侯大臣共同執政的現象」〔註 72〕更可說明了這種情形。

(三)封國君位之嗣立

周人雖然建立了嫡長子繼承制的君位繼承辦法,不過,列國間卻也出現了未完全依照此制繼承的現象,甚至還發生了君位繼承的爭奪戰。今根據《史記》的記載,將各封國所出現的情形分述如下:

1. 齊國,據〈齊太公世家〉所載:

> 哀公時,紀侯譖之周,周烹哀公而立其弟靜,是爲胡公。胡公徙都薄姑,而當周夷王之時。哀公之同母少弟山怨胡公,乃與其黨率營丘人襲殺胡公而自立,是爲獻公。獻公元年,盡逐胡公子,因徙薄姑都,治臨菑。九年,獻公卒,子武公壽立。……二十六年,武公卒,子厲公無忌立。厲公暴虐,故胡公子復入齊,齊人欲立之,乃與攻殺厲公。胡公子亦戰死。齊人乃立厲公子赤爲君,是爲文公,而誅殺厲公者七十人。〔註 73〕

這次發生在西周晚期的齊國君位爭奪戰,與周王的介入不無關係。儘管胡公爲夷王所立,但之後仍爲哀公的同母少弟山所弒並自立。而此時的周王卻並未出兵干涉。之後的厲公爲胡公子所攻殺,最後齊人立了厲公子赤爲君,周王亦未加以干涉。從這裡反映出了,封國君主之嗣立是有其自主性的,若周王一旦干預將可能引起另一波的殺戮。而夷王立哀公弟亦違反了宗法制的精神,當然更可能因此發生骨肉相殘的局面。

〔註 71〕夏含夷,〈西周之衰微〉,《溫故知新錄——商周文化史管見》,頁 151～152。另在本文中,作者亦從出土文物的兩個特點來說明西周在穆王即位前後即有衰微之象,今略述如下:一是穆王以後出土銅器的地區忽然縮小了。一是西周中期出現了相當多記載土地訴訟、爭端的銘文,這個現象很可能也意味著周王朝所控制的地域到了這個時候已經縮小了。

〔註 72〕葉達雄,《西周政治史研究》,頁 89。

〔註 73〕《史記·齊太公世家》,頁 1481～1482。

2. 魯國，據〈魯周公世家〉所載：

考公四年卒，立弟熙，是謂煬公。……幽公十四年，幽公弟潰殺幽公而自立，是爲魏公。……厲公三十七年卒，魯人立其弟具，是爲獻公。……眞公卒，弟敖立，是爲武公。〔註 74〕

從以上所述可看出魯國君位的繼承，出現了「一繼一及」的情形，可說不合於周制，甚至還出現了弟弒兄以自立的情形，這對「周禮盡在魯矣」的魯國而言，可說是一種例外。這種情形亦充分說明了封國有其內自主性，而周王是不便加以干涉的，否則將可能引發封國的內亂，如前段所述齊哀公少弟山殺胡公之亂。而本節在前面所述宣王立戲爲魯君之事亦是如此，「自是後，諸侯多畔王命」，〔註 75〕宣王也因此付出了失去威信的慘痛代價。

3. 曹國在西周晚期於君位繼承方面，亦出現了類似的情形：

（夷伯）三十年卒，弟幽伯彊立。幽伯九年，弟蘇殺幽伯代立，是爲戴伯。〔註 76〕

4. 陳國亦曾出現兄終弟及的情形，即「申公卒，弟相公皋羊立。相公卒，立申公子突，是爲孝公。」〔註 77〕由此看來，申公並非無子而立弟，但爲何立其弟，其因不詳，不過，卻也表現了陳國在君位繼承方面之自主。

5. 衛國在周宣王時出現弟繼兄位的情形，不過卻是一場兄弟鬩牆：

四十二年，釐侯卒，太子共伯餘立爲君。共伯弟和有寵於釐侯，多予之賂；和以其賂賂士，以襲攻共伯於墓上，共伯入釐侯羨自殺。衛人因葬之釐侯旁，謚曰共伯，而立和爲衛侯，是爲武公。〔註 78〕

這次衛國的君位之爭，雖和殺其兄共伯餘而繼位，但並未見周王的干涉，亦反映了封國內政之自主。

6. 宋國約在西周初期及中後期共出現了兩次兄終弟及的情形，不過後者卻也出現了君位繼承之爭：

微子開卒，立其弟衍，是爲微仲。……湣公共卒，弟煬公熙立。煬公即位，湣公子鮒祀弒煬公而自立，曰「我當立」，是爲厲公。〔註 79〕

〔註 74〕《史記・魯周公世家》，頁 1525～1526。
〔註 75〕同上，頁 1528。
〔註 76〕《史記・管蔡世家》，頁 1571。
〔註 77〕《史記・陳杞世家》，頁 1575。
〔註 78〕《史記・衛康叔世家》，頁 1591。
〔註 79〕《史記・宋微子世家》，頁 1621。

宋國為殷人之後，其君位的繼承本有「兄終弟及」的傳統，因此在周初時，微子啓立其弟為君，不致造成宋國的內亂，不過，西周中後期所發生的湣公子弒湣公弟煬公並曰「我當立」一事來看，大概反映了宋國已建立了「父死子繼」的嗣位傳統，〔註 80〕而這也正是周人王位繼承制的精神。因此湣公子鮒弒君雖是不義的行為，不過卻以「我當立」做為得位的合理藉口，同時亦未假手周王的幫助，從這整個過程中亦凸顯了宋國在其內政的處理上是有其相當之自主性的。

7. 晉國於周幽王時亦出現了一次君位之爭：

二十七年，穆侯卒，弟殤叔自立。……穆侯太子仇率其徒襲殤叔而立，是為文侯。〔註 81〕

此事的過程類於前述宋國之例，晉國也以自力解決其君位的紛爭。

8. 楚國約於西周中後期亦出現了「兄終弟即」及弒君奪位的情形：

……熊勝以弟熊楊為後。……雄渠卒，子熊摯紅立。摯紅卒，其弟弒而代立，曰熊延。……熊勇十年，卒，弟熊嚴為後。……熊霜六年，卒，三弟爭立。仲雪死；叔堪亡，避難於濮；而少弟季徇立，是為熊徇。〔註 82〕

從以上幾個封國間所出現「兄終弟及」以及君位弒奪的情形來看，這種狀況應普遍存在於西周一朝的列國之中，而周王大致亦不會介入封國內部的君位繼承問題，即若干預，亦不會得到其所干預的封國國人的認同，甚而引發內亂，而這些情形亦充分表現出封國在內政上的自主性。

（四）封國的土地關係

從《詩經·小雅·北山》所言：「溥天之下，莫非王土；率土之濱；莫非王臣。」〔註 83〕來看，似乎反映了周王掌握了天下土地的所有權，不過從事實來看，整個西周一朝並非如此，三百年間的周王與封國間的土地關係是有變化的。「西周時期理論上土地制度是屬於土地王有制，然而除了西周前期（武王至穆王時期）周天子王室力量強大能維持土地王有之制度外，到了西周中

〔註 80〕 春秋初期，宋宣公以其弟賢，立了兄弟穆公，而在穆公臨終前卻復將君位傳給宣公子與夷，而未傳其子。事詳《春秋左傳·隱公三年》，《十三經注疏》本，頁 52。

〔註 81〕 《史記·晉世家》，頁 1637～1638。

〔註 82〕 《史記·楚世家》，頁 1692～1694。

〔註 83〕 《詩經·小雅·北山》，《十三經注疏》本，頁 444。

期、末期，隨著周天子王室權力的衰退，土地王有制度也逐漸在崩潰瓦解而消失了。」〔註 84〕同時，葉達雄在〈西周土地制度探研〉一文中亦有同樣的看法：

> 在西周初期，除了歸附於周王朝的原屬於先王朝的諸侯外，其餘受周王朝分封的諸侯或賜與采地的大夫，都沒有土地的所有權，其土地的所有權是屬於周王室，所以在西周初期，的確是「溥天之下，莫非王土；率土之濱，莫非王臣」。但是，到了西周中期，就產生了諸侯貴族間的土地交換轉讓的現象。這種現象，在恭王時代及其以後出現的事例較多。不過，這種土地的交換、轉讓必需經過執政大臣的認可才能成立。但是，到後來也不必經過執政大臣的認可。同時，在西周中期，已有諸侯貴族將其土地賜給他所屬的臣下的事例發生，且並不需要周王室的認可。到了西周晚期厲王、宣王時代，雖然也曾恢復了一些權力，將諸侯貴族的土地賜與其他的諸侯貴族，而這種現象只有造成王室與諸侯貴族間的不合而已。所以到了幽王時代，就有「人有土田，女反有之；人有民人，女覆奪之」的詩句出現，表示對王室強烈的不滿。〔註 85〕

從以上當代學者對於西周土地制度的研究分析可知，在西周的中後期，王室對於土地的控制已日漸式微，封國對其境內的土地已有充分的掌控及處理的權力，而這也反映了封國在西周中後期內政之自主性，而隨著周室的勢微，封國對其處理土地所表現的內自主性亦相對地提高。

從以上所述可以了解到，其實西周中後期封國之自主性與周王室之衰微，彼此間是有其相對應的關係。崔述所言「周室始衰從穆王始」，頗能切中當時的情形。從昭王南征不返，到穆王作〈呂刑〉來看，其實這都是王室威望開始式微的表徵。而從王室與封國間互動來看，諸侯不朝、夷王下堂見諸侯、諸侯干王位與王政，以及魯人不從宣王之命，均表現出在王權不彰的情況下，封國之地位相對地更加高張。再從體制而言，由諸侯在境內稱王、封國可選擇君位的繼承方式以及發生君位弒奪的情形來看，周王對這樣的現象

〔註 84〕黃耀能，〈周代土地制度的演變及其歷史意義〉，《國立成功大學歷史語言研究所論文集》第一號，國立成功大學歷史語言研究所，台南，民國 77 年 3 月，頁 216。

〔註 85〕摘述自葉達雄，〈西周土地制度探研〉，《國立臺灣大學歷史學系學報》第十四期，臺灣大學歷史學系，台北，民國 77 年 7 月，頁 26～27。

並沒有加以干預，封國仍能充分維持其內政之自主性，不過列國內部在西周中後期卻可進行土地之賞賜、交換，周王也只能聽任封國之自理。前述這些現象大致反映了在成康之後，就內自主性以及外自主性總的來看，封國地位有越加提高的情形。

因此在西周中期以後，王室威望的維繫在某種程度上仍是講求實力主義的，而藉以維持姬姓王權命脈的宗族血緣關係，已不再成爲維護王室威信的必然保證。

第二節　封國自主性地位之揚昇

西周末年幽王被弒，平王繼位東遷雒邑，歷史進入了另一個新階段，這個過程在《史記・周本紀》中有如下的記載：

> 幽王以虢石父爲卿，用事，國人皆怨。石父爲人佞巧善諛好利，王用之。又廢申后，去太子也。申侯怒，與繒、西夷犬戎攻幽王。幽王舉烽火徵兵，兵莫至。遂殺幽王驪山下，虜褒姒，盡取周賂而去。於是諸侯乃即申侯而共立故幽王太子宜臼，是爲平王，以奉周祀。平王立，東遷於雒邑，辟戎寇。平王之時，周室衰微，諸侯彊并弱，齊、楚、秦、晉始大，政由方伯。〔註86〕

從〈周本紀〉中幽王被弒前後的情形來看，西周封國之自主性表現較之前節所述已有一些不同的改變：

第一，王廢申后，引起其娘家申侯之不滿，竟聯合另一封國繒以及西夷犬戎攻殺幽王並進而擁立其外孫平王。這種諸侯攻殺周王進而擁立新王的情形在西周一朝從未出現，即使暴戾如厲王，亦不致遭受被諸侯所殺的命運；而同時幽王舉烽火竟也無一諸侯至者，這些現象充份說明了幽王在被殺的前夕，周王的實力與威望均已降到了谷底，相對地封國自主之地位卻已日漸「昂揚」，因此也才有了這種情形的發生。

第二，平王雖與夷王同爲諸侯所擁立，不過其景象已有所不同。夷王在位期間雖有下堂迎諸侯之舉，然而在平王之後卻出現了「政由方伯」〔註87〕的局面。不過這種局面的出現當非一時之間有以致之，其實從申侯敢聯合繒

〔註86〕《史記・周本紀》頁149。

〔註87〕據《史記・周本紀》裴駰《集解》引鄭眾云：「長諸侯爲方伯。」，頁150。

國及犬戎攻殺幽王一事來看，即已隱含「政由方伯」的意義。申國在西周後期爲周人在南方的重要屏障，在《詩經・崧高》中即有「維申及甫，維周之時。四國于蕃，四方于宣。」〔註 88〕同時從此詩中對其屢稱「申伯」來看，應與周文王於殷末被稱「西伯」的意義相同，其地位應爲南國諸侯中之方伯才是。因此從上述來看，申國以諸侯之長的身份，竟因不滿幽王廢申后之舉而敢起兵干預嗣君之廢立，這應即是東周初期所出現的「政由方伯」的先聲。而東周以後，所出現「政由方伯」的現象，正是封國自主性地位昂揚的充分表現。

從平王東遷到首位以諸侯身份成爲春秋五霸的齊桓公出現之前，對於自西周末葉以來地位即已日漸揚昇之封國而言，在這個時期裡封國的自主性有了更爲劇烈而顯著的變化，這個改變有質變也有量變。今根據《春秋》、《左傳》所載，將齊桓稱霸前的這種現象分成三大部份加以整理論述如下。

一、從列國與王室間的互動看封國之自主

（一）諸侯不朝

諸侯不朝的情形，從《詩經・雨無正》中的詩句可見一般：

> 周宗既滅，靡所止戾。正大夫離居，莫知我勩。三事大夫，莫肯夙夜。邦君諸侯，莫肯朝夕。庶曰式臧，覆出爲惡。〔註 89〕

此爲刺幽王之詩，不過卻也可從中看出周室在東遷之後衰微的情形，諸侯不朝當從幽王持續到平王之時。桓王三年，與桓王交惡的鄭伯一度來朝，〔註 90〕又桓王五年時，「鄭伯以齊人朝王」，〔註 91〕不過諸侯不朝的情形仍是存在的，例如：

> 宋公不王，鄭伯爲王左卿士，以王命討之。〔註 92〕
>
> 王奪鄭伯政，鄭伯不朝。〔註 93〕

〔註 88〕《詩經・大雅・嵩高》，《十三經注疏》本，頁 669。〈嵩高〉一詩據屈萬里《詩經詮釋》之說，爲「宣王之舅申伯，出封於謝，吉甫作此詩以送之（略本朱傳）。」，頁 531。

〔註 89〕《詩經・小雅・雨無正》，《十三經注疏》本，頁 410。〈雨無正〉據屈萬里《詩經詮釋》之說，「此當是東遷之際，詩人傷時之作。」，頁 362。

〔註 90〕《春秋左傳・隱公六年》：「鄭伯如周，始朝桓王也。」《十三經注疏》本，頁 71。

〔註 91〕《春秋左傳・隱公八年》，《十三經注疏》本，頁 74。

〔註 92〕《春秋左傳・隱公九年》，《十三經注疏》本，頁 76。

從以上片斷的記載來看，諸侯不朝的情況當不止此，自平王東遷以來，諸侯不朝應是普遍存在於列國之間的，誠如楊伯峻所言：

> 然春秋之世，朝王者極少。以魯論，十二公二百四十餘年，據《春秋》所載，惟僖公因晉文之霸，兩朝王所；成公因伐秦之役，一至京師；隱、桓二十九年間，王使來者不絕，而兩公未嘗一朝王。則鄭伯以宋之不王而討宋者，亦猶齊桓伐楚，責其包茅不入，皆藉辭而已。〔註 94〕

因此，春秋時期的諸侯是否朝王完全聽任其態度，以魯國與周王關係之密切尚且如此，更遑論其他的封國。雖然朝覲只是天子與諸侯間一種互動關係的表現，不過對於相當重視禮樂的周人而言，諸侯不朝所代表的卻是周天子已不再眞正爲諸侯所重，而其連基本儀式上的尊重尚且不爲更遑論其他。周天子已只是名義上的共主罷了，而所謂的「共主」至此也不過成了列國間爲成就其霸業所利用的一面旗幟而已。

（二）交換質子

平王在位以鄭莊公及虢公爲卿士，王爲取信於鄭伯而與之交換質子：

> 鄭武公、莊公爲平王卿士。王貳於虢。鄭伯怨王。王曰：「無之。」故周、鄭交質。王子狐爲質於鄭，鄭公子忽爲質於周。〔註 95〕

平王與鄭伯互爲交換質子可謂開了周朝建國以來的先例，代表了周室自東遷以來實力已大不如前，必須仰賴國力較強的諸侯對其支持才得以維持其周王的地位。如桓王時鄭伯來朝，王不以禮待之，周桓公即言於桓王：「我周之東遷，晉、鄭是依。善鄭以勸來者，猶懼不蔇，況不禮焉？鄭不來矣。」〔註 96〕因此，在春秋初期有力諸侯對周室的支持是維繫周室命脈的重要基礎。

（三）不供王喪

周平王去世時，魯國竟未盡其弔喪之禮，而有「武氏子來求賻」〔註 97〕

〔註 93〕《春秋左傳・桓公五年》，《十三經注疏》本，頁 106。

〔註 94〕楊伯峻，《春秋左傳注》，頁 65。

〔註 95〕《春秋左傳・隱公三年》，《十三經注疏》本，頁 51。

〔註 96〕《春秋左傳・隱公六年》，《十三經注疏》本，頁 71。

〔註 97〕對於此事，杜預以爲：「魯不供奉王喪，致令有求。經直文以示不敬，故傳不復具釋也。」（見《春秋左傳・隱公三年》，《十三經注疏》本，頁 49。）不過，楊伯峻據《周禮・宰夫》鄭玄注所言，認爲鄭玄之意以爲含襚賵贈是正禮，魯已行之。賻以大量財幣是加禮，魯未如此，故使人求之，非禮。楊氏認爲鄭說可採，而杜注不知何據。（見氏著《春秋左傳注》，頁 24～25。）個人以

之情事發生。然而魯國在周初曾獲得周王的特別禮遇，關係非比尋常，《史記》即載有：「於是成王乃命魯得郊祭文王。魯有天子禮樂者，以褒周公之德也。」〔註98〕而在《詩經．閟宮》中亦有謂：「王曰：『叔父！建爾元子，俾侯于魯。大啓爾宇，爲周室輔。』」〔註99〕由此可見魯國在所有封國中所擁有的特殊地位，然而號稱禮儀之邦的魯國卻於平王之喪未盡其禮，此事除反映了周人宗法中「親親」觀念的淡薄外，也反映了周室地位的低落。

（四）王師傷敗

鄭伯不朝，引起周桓王的不滿，遂聯合幾個封國討伐鄭國，結果王室聯軍敗北，桓王中肩：

> 王以諸侯伐鄭，鄭伯禦之。王爲中軍，虢公林父將右軍，蔡人、衛人屬焉；周公黑肩將左軍，陳人屬焉。……戰于繻葛。（鄭伯）命二拒曰：「旝動而鼓！」蔡、衛、陳皆奔，王卒亂，鄭師合以攻之，王卒大敗。祝聃射中王肩，王亦能軍。祝聃請從之。公曰：「君子不欲多上人，況敢陵天子乎？苟自救也，社稷無隕，多矣。」夜，鄭伯使祭足勞王，且問左右。〔註100〕

這次繻葛之戰，「春秋一代，天子親征，只此一役」，〔註101〕結果周王卻師敗而歸，且中箭傷，最後鄭國雖還能顧慮周天子的顏面而未再乘勝追擊，不過這一戰對周王的威信不啻是很大的打擊，同爲姬姓之宗親，鄭國以小宗之身份竟敢挑戰大宗之威信，可見宗法關係之脆弱，也暴露了周室實力之不足，桓王欲藉此以振興王室，結果卻適得其反，自此以後周王一蹶不振，威信已蕩然無存。

（五）王遷邑民

桓王時對於親周的城邑無法予以出兵保護，只能消極地遷移其民：

> 夏，盟、向求成于鄭，既而背之。秋，鄭人、齊人、衛人伐盟、向。王遷盟、向之民于郟。〔註102〕

爲杜注亦有可採之處，蓋孔子作春秋意在使亂臣賊子懼，因此杜注之說該當符合《春秋》之意旨。

〔註98〕《史記．魯周公世家》，頁1523。

〔註99〕《詩經．魯頌．閟宮》，《十三經注疏》本，頁778。

〔註100〕《春秋左傳．桓公五年》，《十三經注疏》本，頁106～107。

〔註101〕楊伯峻，《春秋左傳注》，頁103。

〔註102〕《春秋左傳．桓公七年》，《十三經注疏》本，頁118。

此事反映出自繻葛之戰後，周王與封國間實力的消長，周王威信已不再，因此面對這樣的局面，周王只能任憑列國出兵而無法加以嚇阻，由此更見周王地位之低落。

二、從列國之間的互動看封國之自主

（一）會　盟

西周一朝會盟之事，蓋爲天子與封國之間的互動方式，如《左傳・昭公四年》中椒舉對於楚子所言即謂：「周武有孟津之誓，成有岐陽之蒐，康有酆宮之朝，穆有塗山之會」，〔註 103〕可見會盟是屬於王事，然而到了春秋時代，會盟卻普遍存在於封國之間，且在春秋初期即已相當頻繁。以下將根據《春秋》及《左傳》所載，將平王晚年到僖王在位前三年間列國會盟的情形表列如下，藉此以明瞭當時的實際狀況。

周平王在位晚年，列國會盟多爲修好：

表四之一　周平王時期封國會盟表

會盟時間	《春秋》所見會盟事例	《左傳》所載會盟目的
隱公元年	（魯隱）公及邾儀父盟于蔑。	公攝位而欲求好于邾，故爲蔑之盟。〔註 104〕
	（魯）及宋人盟于宿。	惠公之季年，敗宋師于黃。公立而求成焉。〔註 105〕
隱公二年	（魯隱）公會戎于潛。	修惠公之好也。戎請盟，公辭。〔註 106〕
	（魯隱）公及戎盟于唐。	復修戎好也。〔註 107〕
	紀子帛、莒子盟于密。	魯故也。〔註 108〕

周桓王在位期間，出現了多國會盟的情形，而會盟的目的也開始多樣了起來，除修好外，還有征伐、易田、成婚等目的：

〔註 103〕《春秋左傳・昭公四年》，《十三經注疏》本，頁 730。

〔註 104〕其會盟事例及原因分別見於《春秋左傳・隱公元年》，《十三經注疏》本，頁 31、35。以下註同此例。

〔註 105〕同上，頁 33、40。

〔註 106〕《春秋左傳・隱公二年》，《十三經注疏》本，頁 41、42。

〔註 107〕同上註。

〔註 108〕同上，頁 42。

表四之二　周桓王時期封國會盟表

會盟時間	《春秋》所見會盟事例	《左傳》所載會盟目的
隱公三年	齊侯、鄭伯盟於石門。	尋盧之盟也。〔註 109〕
隱公六年	（魯隱）公會齊侯盟于艾。	始平于齊也。〔註 110〕
隱公八年	宋公、齊侯、衛侯盟于瓦屋。	齊人卒平宋、衛于鄭。秋，會于溫，盟于瓦屋，以釋東門之役，禮也。〔註 111〕
	（魯隱）公及莒人盟于浮來。	以成紀好也。〔註 112〕
隱公九年	（魯隱）公會齊侯于防。	謀伐宋也。〔註 113〕
隱公十年	（魯隱）公會齊侯、鄭伯于中丘。	癸丑，盟于鄧，爲師期。〔註 114〕
隱公十一年	（魯隱）公會鄭伯于時來。	謀伐許也。〔註 115〕
桓公元年	公會鄭伯于垂，鄭伯以璧假許田。	鄭伯以璧假許田，爲周公、祊故也。〔註 116〕
	（魯桓）公及鄭伯盟于越。	結祊成也。〔註 117〕
桓公二年	（魯桓）公會齊侯、陳侯、鄭伯于稷，以成宋亂。	爲賂故，立華氏也。〔註 118〕
	蔡侯、鄭伯會于鄧。	始懼楚也。〔註 119〕
	（魯桓）公及戎盟于唐。	修舊好也。〔註 120〕
桓公三年	（魯桓公）會齊侯于嬴。	成昏于齊也。〔註 121〕
	齊侯、衛侯胥命于蒲。	不盟也。〔註 122〕
	（魯桓）公會杞侯于郕。	杞求成也。〔註 123〕

〔註 109〕《春秋左傳・隱公三年》，《十三經注疏》本，頁 50、53。

〔註 110〕《春秋左傳・隱公六年》，《十三經注疏》本，頁 70。

〔註 111〕《春秋左傳・隱公八年》，《十三經注疏》本，頁 73、74。《穀梁傳》謂：「諸侯之參盟於是始。」《春秋穀梁傳・隱公八年》，《十三經注疏》本，藝文，台北，民國 86 年，頁 24。

〔註 112〕《春秋左傳・隱公八年》，《十三經注疏》本，頁 73、74。

〔註 113〕《春秋左傳・隱公九年》，《十三經注疏》本，頁 76。

〔註 114〕《春秋左傳・隱公十年》，《十三經注疏》本，頁 77。

〔註 115〕《春秋左傳・隱公十一年》，《十三經注疏》本，頁 78、79。

〔註 116〕《春秋左傳・桓公元年》，《十三經注疏》本，頁 88。

〔註 117〕同上。

〔註 118〕《春秋左傳・桓公二年》，《十三經注疏》本，頁 89、90。

〔註 119〕同上，頁 89、95。

〔註 120〕《春秋左傳・桓公二年》，《十三經注疏》本，頁 90、96。

〔註 121〕《春秋左傳・桓公三年》，《十三經注疏》本，頁 102、103。

〔註 122〕同上。

〔註 123〕同上。

	（魯桓）公會齊侯于讙。〔註 124〕	
桓公六年	（魯桓）公會紀侯于成。	紀來諮謀齊難也。〔註 125〕
桓公十一年	齊人、衛人、鄭人盟于惡曹。〔註 126〕	
	柔會宋公、陳侯、蔡叔盟于折。〔註 127〕	
	（魯桓）公會宋公于夫鐘。〔註 128〕	
	（魯桓）公會宋公于闞。〔註 129〕	
桓公十二年	（魯桓）公會杞侯、莒子盟于曲池。	平杞、莒也。〔註 130〕
	（魯桓）公會宋公、燕人盟于穀丘。	（魯桓）公欲平宋、鄭。〔註 131〕
	（魯桓）公會宋公于虛。	宋成未可知也。〔註 132〕
	（魯桓）公會宋公于龜。	宋成未可知也。〔註 133〕
	（魯桓）公會鄭伯，盟于武父。	宋公辭平。〔註 134〕
桓公十四年	（魯桓）公會鄭伯于曹。	曹人致餼，禮也。〔註 135〕
	鄭伯使其弟語來盟。	鄭子人來尋盟，且修曹之會。〔註 136〕
桓公十五年	（魯桓）公會齊侯于艾。	謀定許也。〔註 137〕

莊王在位期間，多國的會盟已屬常態，且多為征伐故：

表四之三　周莊王時期封國會盟表

會盟時間	《春秋》所見會盟事例	《左傳》所載會盟目的
桓公十五年	（魯桓）公會宋公、衛侯、陳侯會于袲，伐鄭。	謀伐鄭，將納厲公也。弗克而還。〔註 138〕

〔註 124〕同上，頁 103。
〔註 125〕《春秋左傳・桓公六年》，《十三經注疏》本，頁 109、111。
〔註 126〕《春秋左傳・桓公十一年》，《十三經注疏》本，頁 121。
〔註 127〕同上。柔為魯大夫，此為內卿會盟諸侯之始。見楊伯峻，《春秋左傳注》，頁 129。
〔註 128〕《春秋左傳・桓公十一年》，《十三經注疏》本，頁 122。
〔註 129〕同上。
〔註 130〕《春秋左傳・桓公十二年》，《十三經注疏》本，頁 123。
〔註 131〕同上。
〔註 132〕同上。
〔註 133〕同上。
〔註 134〕同上。
〔註 135〕《春秋左傳・桓公十四年》，《十三經注疏》本，頁 125、126。
〔註 136〕同上。
〔註 137〕《春秋左傳・桓公十五年》，《十三經注疏》本，頁 127。
〔註 138〕同上。

桓公十六年	（魯桓）公會宋公、蔡侯、衛侯于曹。	謀伐鄭也。〔註 139〕
桓公十七年	（魯桓）公會齊侯、紀侯盟于黃。	平齊、紀，且謀衛故也。〔註 140〕
	（魯桓）公會邾儀父，盟于趡。	尋蔑之盟也。〔註 141〕
桓公十八年	（魯桓）公會齊侯于濼，遂於姜氏如齊。〔註 142〕	
莊公四年	（魯莊）公及齊大夫盟于蔇。	齊無君也。〔註 143〕

周僖王（在位前三年）期間，齊桓公在鄄會盟諸侯，開始其霸業：

表四之四　周僖王時期封國會盟表

會盟時間	《春秋》所見會盟事例	《左傳》所載會盟目的
莊公十三年	齊侯、宋人、陳人、蔡人、邾人會于北杏。	以平宋亂。遂人不至。〔註 144〕
	（魯莊）公會齊侯盟于柯。	始及齊平也。〔註 145〕
莊公十四年	單伯會齊侯、宋公、衛侯、鄭伯于鄄。	宋服故也。〔註 146〕
莊公十五年	齊侯、宋公、陳侯、衛侯、鄭伯會于鄄。	復會焉，齊始霸也。〔註 147〕

從以上可以看出，春秋初期封國間會盟的目的不一而足，或修好，或求成，或平亂，或征伐，或抗敵，或諦盟，或成婚，甚或稱霸等等，從會盟次數之頻繁及目的之多種來看，會盟已成爲列國間爲求生存甚至壯大自己的一種重要互動方式，而且會盟的規模也越來越大，平王時只見兩國之間的參與，而在桓王五年（魯隱公八年）即已見三個封國的參與，此後參與的封國數也更加地擴大，從桓王、莊王到僖王三年齊桓公稱霸的這段期間，多個封國參與的會盟型態已屢見不鮮，而會盟規模的擴大也正是有野心的諸侯藉此以展現其實力以及號召力的機會。

〔註 139〕《春秋左傳・桓公十六年》，《十三經注疏》本，頁 127、128。

〔註 140〕《春秋左傳・桓公十七年》，《十三經注疏》本，頁 129。

〔註 141〕同上。

〔註 142〕《春秋左傳・桓公十八年》，《十三經注疏》本，頁 130。

〔註 143〕《春秋左傳・莊公九年》，《十三經注疏》本，頁 145。《穀梁傳》云：「大夫不名，無君也。盟納子糾也。」見《春秋穀梁傳・莊公九年》，《十三經注疏》本，藝文，頁 50。

〔註 144〕《春秋左傳・莊公十三年》，《十三經注疏》本，頁 154。以諸侯而主天下之盟會，以此爲始。見楊伯峻，《春秋左傳注》，頁 193。

〔註 145〕《春秋左傳・莊公十三年》，《十三經注疏》本，頁 154。

〔註 146〕《春秋左傳・莊公十四年》，《十三經注疏》本，頁 155、156。

〔註 147〕《春秋左傳・莊公十五年》，《十三經注疏》本，頁 156。

這種只由封國參與的現象並不見於西周時期，春秋初期所見的會盟均由封國所主導，不見周天子的參與，由此可看出周天子在平王東遷後即已不再具有舉足輕重的地位，此後封國成為舞台上的主角，充分表現了其高度的自主性。

（二）征伐、取地

諸侯間的征伐在春秋初期亦時有所見，有兩國之間的軍事衝突，亦有多國聯合以攻一國的會伐，現將平王晚年至僖王三年齊桓稱霸期間封國征伐的情形表列如下。

周平王在位晚期，列國有以下征伐之事：

表五之一　周平王時期封國征伐表

征伐時間	《春秋》、《左傳》所見之征伐
惠公之季年	敗宋師于黃。〔註 148〕
隱公元年	紀人伐夷。〔註 149〕
	鄭共叔之亂，公孫滑出奔衛。衛人為之伐鄭，取廩延。鄭人以王師、虢師伐衛南鄙。〔註 150〕

桓王在位期間，列國間開始出現了會伐、取地的情形，戰事規模也開始擴大為多國參與，且戰事亦頗為頻繁：

表五之二　周桓王時期封國征伐表

征伐時間	《春秋》、《左傳》所見之征伐
隱公四年	莒人伐杞，取牟婁。〔註 151〕
	宋公、陳侯、蔡人、衛人伐鄭。〔註 152〕
隱公五年	鄭人侵衛牧，以報東門之役。衛人以燕師伐鄭。〔註 153〕

〔註 148〕《春秋左傳・隱公元年》，《十三經注疏》本，頁 40。

〔註 149〕同上，頁 39。

〔註 150〕同上，頁 40。

〔註 151〕《春秋左傳・隱公四年》，《十三經注疏》本，頁 54。列國間土地之爭奪蓋自此以後已為常態，據楊伯峻之說：「外諸侯取邑，全部《春秋》唯此年及六年兩見。或以後疆埸之爭，此取彼奪，數見不鮮，故皆略之乎。」見氏著《春秋左傳注》，頁 34。

〔註 152〕《春秋左傳・隱公四年》，《十三經注疏》本，頁 55。據《春秋傳說彙纂》云：「此諸侯會伐之始，亦東諸侯分黨之始。」引自楊伯峻，《春秋左傳注》，頁 34。

〔註 153〕《春秋左傳・隱公五年》，《十三經注疏》本，頁 61。

	衛之亂也，郕人侵衛，故衛師入郕。〔註 154〕
	邾人、鄭人伐宋。〔註 155〕
隱公六年	宋人伐鄭，圍長葛。〔註 156〕（明年）冬，宋人取長葛。〔註 157〕
	鄭伯侵陳，大獲。〔註 158〕
隱公七年	（魯隱）公伐邾。〔註 159〕
隱公十年	夏，翬帥師會齊人、鄭人伐宋。六月壬戌，（魯隱）公敗宋師于菅。辛未，取郜。辛巳，取防。秋，宋人、衛人入鄭。宋人、蔡人、衛人伐戴。鄭伯伐取之。冬十月壬午，齊人、鄭人入郕。〔註 160〕
	（魯隱）公會齊侯、鄭伯伐許。〔註 161〕
隱公十一年	鄭、息有違言。息侯伐鄭，鄭伯與戰于竟，息師大敗而還。〔註 162〕
	鄭伯以虢師伐宋。壬戌，大敗宋師，以報其入鄭也。〔註 163〕
桓公二年	（魯）入杞，討不敬也。〔註 164〕
桓公四年	秦師侵芮，敗焉，小之也。〔註 165〕
	王師、秦師圍魏，執芮伯以歸。〔註 166〕
桓公五年	齊侯、鄭侯朝於紀，欲以襲之。紀人知之。〔註 167〕
桓公六年	楚武王侵隨，使薳章求成焉，軍於瑕以待之。〔註 168〕
	北戎伐齊，齊使乞師于鄭。鄭大子忽帥師救齊。〔註 169〕
桓公八年	楚子合諸侯于沉鹿。黃、隨不會。使薳章讓黃。楚子伐隨。軍于漢、淮之間。〔註 170〕
	（魯）伐邾。〔註 171〕

〔註 154〕同上。
〔註 155〕同上，頁 58。
〔註 156〕同上。
〔註 157〕《春秋左傳・隱公六年》，《十三經注疏》本，頁 70。
〔註 158〕同上。
〔註 159〕《春秋左傳・隱公七年》，《十三經注疏》本，頁 71。
〔註 160〕《春秋左傳・隱公十年》，《十三經注疏》本，頁 77。
〔註 161〕同上，頁 80。
〔註 162〕《春秋左傳・隱公十一年》，《十三經注疏》本，頁 82。
〔註 163〕同上。
〔註 164〕《春秋左傳・桓公二年》，《十三經注疏》本，頁 95。
〔註 165〕《春秋左傳・桓公四年》，《十三經注疏》本，頁 105。
〔註 166〕同上。
〔註 167〕《春秋左傳・桓公五年》，《十三經注疏》本，頁 106。
〔註 168〕《春秋左傳・桓公六年》，《十三經注疏》本，頁 109。
〔註 169〕同上，頁 112。
〔註 170〕《春秋左傳・桓公八年》，《十三經注疏》本，頁 119。
〔註 171〕同上，頁 118。

桓公九年	楚使鬬廉帥師及巴師圍鄾。鄧養甥、聃甥帥師救鄾。〔註 172〕
	虢仲、芮伯、梁伯、荀侯、賈伯伐曲沃。〔註 173〕
桓公十年	齊、衛、鄭來（魯）戰于郎。〔註 174〕
桓公十一年	鄖人軍於蒲騷，將於隨、絞、州、蓼伐楚師。〔註 175〕
桓公十二年	宋公辭平，故與鄭伯盟于武父，遂帥師而伐宋，戰焉，宋無信也。〔註 176〕
	楚伐絞，軍其南門。……伐絞之役，楚師分涉於彭。羅人欲伐之。〔註 177〕
桓公十三年	楚屈瑕伐羅。〔註 178〕
	宋多責賂於鄭。鄭不堪命，故以紀、魯及齊與宋、衛、燕戰。〔註 179〕
桓公十四年	宋人以諸侯伐鄭，報宋之戰也。〔註 180〕

莊王在位期間的戰事延續了桓王以來的規模：

表五之三　周莊王時期封國征伐表

征伐時間	《春秋》、《左傳》所見之征伐
桓公十六年	（魯桓）公會宋公、衛侯、陳侯、蔡侯伐鄭。〔註 181〕
桓公十七年	（魯）及齊師戰于奚，疆事也。〔註 182〕
	（魯）伐邾，宋志也。〔註 183〕
莊公二年	（魯）公子慶父帥師伐於餘丘。〔註 184〕
莊公四年	楚武王荊尸，授師孑焉，以伐隨。〔註 185〕
莊公五年	（魯莊公會齊人、宋人、陳人、蔡人）伐衛，納惠公也。〔註 186〕

〔註 172〕《春秋左傳・桓公九年》，《十三經注疏》本，頁 120。
〔註 173〕同上。
〔註 174〕《春秋左傳・桓公十年》，《十三經注疏》本，頁 121。
〔註 175〕《春秋左傳・桓公十一年》，《十三經注疏》本，頁 122。
〔註 176〕《春秋左傳・桓公十二年》，《十三經注疏》本，頁 123～124。
〔註 177〕同上，頁 124。
〔註 178〕《春秋左傳・桓公十三年》，《十三經注疏》本，頁 124。
〔註 179〕同上，頁 125。
〔註 180〕《春秋左傳・桓公十四年》，《十三經注疏》本，頁 126。
〔註 181〕《春秋左傳・桓公十六年》，《十三經注疏》本，頁 127。
〔註 182〕《春秋左傳・桓公十七年》，《十三經注疏》本，頁 129。
〔註 183〕同上。
〔註 184〕《春秋左傳・莊公二年》，《十三經注疏》本，頁 137。於餘丘，蓋近魯小國也。說見楊伯峻，《春秋左傳注》，頁 158。
〔註 185〕《春秋左傳・莊公四年》，《十三經注疏》本，頁 140。
〔註 186〕《春秋左傳・莊公五年》，《十三經注疏》本，頁 140。

莊公六年	楚文王伐申。……還年，楚子伐鄧。（魯莊公）十六年，楚復伐鄧，滅之。〔註 187〕
莊公八年	（魯）師及齊師圍郕。郕降于齊師。〔註 188〕
莊公九年	（魯莊）公伐齊，納子糾。〔註 189〕
	（魯）師及齊師戰于乾時。〔註 190〕
莊公十年	（魯莊）公敗齊師于長勺。〔註 191〕
	（魯莊）公侵宋。〔註 192〕
	齊師、宋師次于郎。（魯莊）公敗宋師于乘丘。〔註 193〕
	荊敗蔡師于莘，以蔡侯獻舞歸。〔註 194〕
莊公十一年	宋為乘丘之役故，侵我。（魯莊）公禦之。宋師未陳而薄之，敗諸鄑。〔註 195〕

僖王在位前三年有以下的征伐情形：

表五之四　周僖王時期封國征伐表

征伐時間	《春秋》、《左傳》所見之征伐
莊公十四年	（魯莊公）十四年春諸侯（齊人、陳人、曹人）伐宋。齊請師于周。夏，單伯會之。取成于宋而還。〔註 196〕
	楚子以蔡侯滅息，遂伐蔡。秋七月楚入蔡。〔註 197〕

從以上來看，可見春秋初期列國間的戰事相當頻繁，從宋國在殤公時「十年十一戰，民不堪命」〔註 198〕亦可見一般。此外規模也日益擴大，參與的封國不僅僅是異姓諸侯，連姬姓諸侯間的征伐亦時有所見，所謂宗法中「親親」的精神已不復存在，周天子面對這種局面也只能袖手旁觀，封國之間的秩序也只有端賴強而有力的諸侯來加以維繫了。

〔註 187〕《春秋左傳・莊公六年》，《十三經注疏》本，頁 141、142。
〔註 188〕《春秋左傳・莊公八年》，《十三經注疏》本，頁 143。
〔註 189〕《春秋左傳・莊公九年》，《十三經注疏》本，頁 145。
〔註 190〕同上。
〔註 191〕《春秋左傳・莊公十年》，《十三經注疏》本，頁 146。
〔註 192〕同上。
〔註 193〕同上。
〔註 194〕同上。
〔註 195〕《春秋左傳・莊公十一年》，《十三經注疏》本，頁 152。
〔註 196〕《春秋左傳・莊公十四年》，《十三經注疏》本，頁 155。
〔註 197〕同上，頁 156。
〔註 198〕《春秋左傳・桓公二年》，《十三經注疏》本，頁 90。

（三）兼　併

封國之間的兼併在幽王時即見「虢人滅焦」，〔註 199〕而在春秋初期更時有所見。如平王在位晚年，即有以下列國的兼併情況：

夏五月，莒人入向。〔註 200〕

（魯）無駭帥師入極。〔註 201〕

莊王時亦有以下的兼併情事發生：

齊師滅譚，譚無禮也。〔註 202〕

僖王在位前三年亦有下列的情形：

（魯莊公）十三年春，會于北杏，以平宋亂。遂人不至。夏，齊人滅遂而戍之。〔註 203〕

楚子如息，以食入享，遂滅息。〔註 204〕

這些被兼併者雖多爲附庸小國，然而此後兼併之風卻也日益加劇，有實力的大國藉各種理由呑滅小國以擴充勢力，所謂的「禮制」已不再能夠成爲維持列國秩序的機制，反而成了大國呑併小國的藉口。

（四）附　庸

莊王時紀人紀季曾奉地入齊而成爲齊國之附庸：

紀季以酅入于齊，紀於是乎始判。〔註 205〕

其實附庸國的情形，亦存在其他春秋初期的大國，如魯國即有郲國、極國〔註 206〕等附庸之國；又如蕭國爲宋所封之附庸國，〔註 207〕另郳國亦爲宋之附庸國。〔註 208〕不過這種附庸國的現象在西周時即已存在，如《詩經・閟宮》

〔註 199〕王國維，《今本竹書紀年疏證》，收於《竹書紀年八種》，頁 400。

〔註 200〕《春秋左傳・隱公二年》，《十三經注疏》本，頁 41。關於莒人「入」向是否「滅」向？據顧棟高及毛奇齡之說，當時向應已爲莒所滅矣。二氏之說詳見楊伯峻，《春秋左傳注》，頁 20、22。

〔註 201〕同上，頁 41。楊伯峻以爲：「考極以後不再見，可能自此後遂爲魯所有。」見氏著，《春秋左傳注》，頁 20。

〔註 202〕《春秋左傳・莊公十年》，《十三經注疏》本，頁 147。

〔註 203〕《春秋左傳・莊公十三年》，《十三經注疏》本，頁 154。

〔註 204〕《春秋左傳・莊公十四年》，《十三經注疏》本，頁 156。

〔註 205〕《春秋左傳・莊公三年》，《十三經注疏》本，頁 139。

〔註 206〕見楊伯峻，《春秋左傳注》，頁 7、20。

〔註 207〕見楊伯峻，《春秋左傳注》，頁 191、192；及陳槃，〈列國簡考〉，《中國上古史待定稿》第三本，頁 233。

〔註 208〕《春秋左傳・莊公十五年》杜預《注》，《十三經注疏》本，頁 156。

中有言：「乃命魯公，俾侯于東；錫之山川，土田附庸」〔註209〕而所謂的附庸，如《禮記・王制》所云：

> 天子之田方千里，公侯田方百里，伯七十里，子男五十里。不能五十里者，不合於天子，附於諸侯曰附庸。〔註210〕

據鄭玄注：「不合，謂不朝會也。小城曰附庸。附庸者，以國事附於大國，未能以其名通也。」〔註211〕因此當時的附庸是附屬於大國的小國，〔註212〕而這些小國之能夠成為大國的附庸，從前引〈閟宮〉一詩來看，當是得到天子的賞賜與認可。而這種情形在春秋初期卻已有了改變，小國獻地成為大國的附庸卻不必經過天子的認可，由此可看出「王制」已壞，天子已不再為諸侯所重。

（五）干涉他國內政

春秋初期一國之內政有時會出現他國介入的情形，如桓王時宋國出現內亂，魯、齊、陳、鄭等國接受了起事者宋督之賂而出兵以成宋亂：

> （魯桓）公會齊侯、陳侯、鄭伯于稷，以成宋亂。〔註213〕

> （宋督）已殺孔父而弒殤公，召莊公于鄭而立之，以親鄭。以郜大鼎賂（魯桓）公，齊、陳、鄭皆有賂，故遂相宋公。〔註214〕

此外亦有封國介入他國君主之廢立，如桓王時宋國大夫雍氏以外戚的身份助鄭厲公即位：

> 初，祭封人仲足有寵於莊公，莊公使為卿。為公娶鄧曼，生昭公。故祭仲立之。宋雍氏女於鄭莊公，曰雍姞，生厲公。雍氏宗，有寵於宋莊公，故誘祭仲而執之，曰：「不立突，將死。」亦執厲公而求賂焉。祭仲與宋人盟，以厲公歸而立之。秋九月丁亥，昭公奔衛。己亥，厲公立。〔註215〕

之後鄭厲公因祭仲專斷而欲將之謀殺，不成，出奔蔡國，昭公入鄭即位，鄭

〔註209〕《詩經・魯頌・閟宮》，《十三經注疏》本，頁778。
〔註210〕《禮記・王制》，《十三經注疏》本，藝文，台北，民國86年，頁212。
〔註211〕《禮記注疏・王制》鄭玄注，《十三經注疏》本，同上，頁213。
〔註212〕對於「附庸」之意，屈萬里即釋為：「附庸者，小國不能自達於天子而附於大國者也。」見氏著，《詩經詮釋》，頁611。
〔註213〕《春秋左傳・桓公二年》，《十三經注疏》本，頁89。
〔註214〕《春秋左傳・桓公二年》，《十三經注疏》本，頁90～91。
〔註215〕《春秋左傳・桓公十一年》，《十三經注疏》本，頁122～123。

國君位之爭引起魯國、宋國、衛國、陳國等出兵介入，不過卻「弗克而還」。〔註216〕

又如莊王時的衛惠公，也因列國之助而得以回國復位：

（魯莊公會齊人、宋人、陳人、蔡人）伐衛，納惠公也。〔註217〕

再如齊襄公被弒後所發生的齊國君位之爭，魯國即以公子糾的母家身份而欲出兵助其即位：

（魯莊）公伐齊，納子糾。桓公自莒先入。〔註218〕

由此可見春秋初期封國間的關係日益密切，列國介入彼此的內政已是常見的現象了。

（六）弒他國之君

春秋初期出現了一國之君爲他國封君所殺的情形。如莊王時，齊魯之會，魯桓公竟爲齊侯所殺：

公會齊侯于濼，遂及文姜如齊。齊侯通焉。公謫之。以告。夏四月丙子，享公。使公子彭生乘公，公薨于車。〔註219〕

又齊亦曾弒鄭國之君：

秋，齊侯師于首止；子亹會之，高渠彌相。七月戊戌，齊人殺子亹，而轘高渠彌。祭仲逆鄭子于陳而立之。〔註220〕

（七）易土田

桓王時列國間有互易土地之舉，如鄭以祊地易魯之許田：

（魯隱公八年）鄭伯請釋泰山之祀而祀周公，以泰山之祊易許田。三月，鄭伯使宛來歸祊，不祀泰山也。〔註221〕

元年春，（魯桓）公即位，修好于鄭。鄭人請復祀周公，卒易祊田。三月，鄭伯以璧假許田，爲周公、祊故也。〔註222〕

三、從列國內部的情勢看封國之自主

〔註216〕其事詳見《春秋左傳·桓公十五年》，《十三經注疏》本，頁126、127。
〔註217〕《春秋左傳·莊公五年》，《十三經注疏》本，頁140。
〔註218〕《春秋左傳·莊公九年》，《十三經注疏》本，頁145。
〔註219〕《春秋左傳·桓公十八年》，《十三經注疏》本，頁130。
〔註220〕同上。
〔註221〕《春秋左傳·隱公八年》，《十三經注疏》本，頁73。
〔註222〕《春秋左傳·桓公元年》，《十三經注疏》本，頁88。

(一) 變　亂

春秋初期，常見封國內部的變亂，如周平王時晉國的宗室之亂：

惠（魯惠公）之二十四年，晉始亂，故封桓叔于曲沃。〔註 223〕

又如鄭國的兄弟鬩牆：

夏五月，鄭伯克段于鄢。〔註 224〕

桓王在位期間，各封國亦有以下的變亂發生，如晉國宗室之亂的延續：

曲沃莊伯以鄭人、邢人伐翼，王使尹氏、武氏助之。晉侯奔隨。〔註 225〕

（晉）哀侯侵陘庭之田。陘庭南鄙啓曲沃伐翼。〔註 226〕

如陳國的君位之爭：

於是陳亂，文公子佗殺大子免而代之。〔註 227〕

如虞國之虞公出奔：

初，虞叔有玉，虞公求旃。弗獻。既而悔之，曰：「周諺有之：『匹夫無罪，懷璧其罪。』吾焉用此，其以賈害也？」乃獻之。又求其寶劍。叔曰：「是無厭也。無厭，將及我。」遂伐虞公。故虞公出奔共池。〔註 228〕

(二) 弒　君

春秋初期，亦出現多起國君被弒的情形，如平王在位期間的晉國：

惠（魯惠公）之三十年，晉潘父弒昭侯而納桓叔，不克。晉人立孝侯。

惠之四十五年，曲沃莊伯伐翼，弒孝侯。翼人立其弟鄂侯。〔註 229〕

又桓王在位期間發生弒君的封國有：

衛國：衛州吁弒桓公而立。〔註 230〕

魯國：羽父使賊弒（魯隱）公于寪氏，立桓公，而討寪氏，有死者。

〔註 223〕《春秋左傳・桓公二年》，《十三經注疏》本，頁 97。
〔註 224〕《春秋左傳・隱公元年》，《十三經注疏》本，頁 32。
〔註 225〕《春秋左傳・隱公五年》，《十三經注疏》本，頁 60～61。
〔註 226〕《春秋左傳・桓公二年》，《十三經注疏》本，頁 98。
〔註 227〕《春秋左傳・桓公五年》，《十三經注疏》本，頁 106。
〔註 228〕《春秋左傳・桓公十年》，《十三經注疏》本，頁 121。
〔註 229〕《春秋左傳・桓公二年》，《十三經注疏》本，頁 98。
〔註 230〕《春秋左傳・隱公四年》，《十三經注疏》本，頁 56。楊伯峻謂，此《春秋》書弒君之始。見氏著《春秋左傳注》，頁 34。

〔註 231〕

宋國：宋督攻孔氏，殺孔父而取其妻。公怒，督懼，遂弒（宋）殤公。〔註 232〕

晉國：曲沃伯誘晉小子侯殺之。〔註 233〕

莊王時則有以下的封國：

鄭國：初，鄭伯將以高渠彌爲卿，昭公惡之，固諫，不聽。昭公立，懼其殺己也，辛卯，弒昭公，而立公子亹。〔註 234〕

齊國：齊無知弒其君諸兒（齊襄公）。〔註 235〕

宋國：宋萬弒（宋）閔公捷于蒙澤。遇仇牧于門，批而殺之。遇大宰督于東宮之西，又殺之。立子游。〔註 236〕

又僖王（在位前三年）時的鄭國：

傅瑕殺鄭子及其二子，而納厲公。〔註 237〕

從上述三個部份來看春秋初期的封國，可知當時列國的自主性已較西周中晚期有顯著的變化，這個變化可分爲「量變」與「質變」兩個部份來看。就「量變」而言，諸侯不朝的情況較之西周中晚期已更爲普遍；而封國內部弒君、變亂的情況也較西周時期來的嚴重，這些「量變」所代表的正是封建體制已日益崩解。就「質變」來看，春秋初期周王與封國間的關係有了前所未有的改變，如周鄭交質、魯國不供王喪、王師爲姬姓諸侯所傷敗、以及王遷邑民等，由此也益見王室之衰微。而列國間的會盟、征伐、兼併、附庸、干涉他國內政及弒他國之君的種種現象亦充分說明了春秋初期已是列國各領風騷的時代，朝聘、會盟、征伐等所謂的「王事」〔註 238〕已不再爲周天子所專屬，諸侯們已有充分的自主性去行使「王事」，而春秋霸主所揭櫫的「尊王」大旗只不過是做爲其稱霸天下的一種手段罷了。

〔註 231〕《春秋左傳・隱公十一年》,《十三經注疏》本，頁 83。
〔註 232〕《春秋左傳・桓公二年》,《十三經注疏》本，頁 90。
〔註 233〕《春秋左傳・桓公七年》,《十三經注疏》本，頁 118。
〔註 234〕《春秋左傳・桓公十七年》,《十三經注疏》本，頁 129。
〔註 235〕《春秋左傳・莊公八年》,《十三經注疏》本，頁 143。
〔註 236〕《春秋左傳・莊公十二年》,《十三經注疏》本，頁 154。
〔註 237〕《春秋左傳・莊公十四年》,《十三經注疏》本，頁 155。
〔註 238〕凡交於大國，朝聘會盟征伐之事，謂之王事。其國之事，謂之政事。見清・顧炎武、黃汝成集釋，《日知錄集釋》，頁 88。

自西周中期以來到春秋的初期，封國的自主性隨著周王室的盛衰而有相對應的變化，當王室衰微之際也正是封國自主性高張的時候，不過西周中後期封國所表現的自主性大體都能受到宗法禮制的約束，因此西周晚期的厲王儘管暴虐，之後卻還能出現「宣王中興」，王室還能維持其一定的威望，不過春秋初期以後，禮制宗法已不再能約束列國，封國自主性的地位更加高漲起來，諸侯們紛行「王事」，如《論語・季氏》中孔子所言：

天下有道，則禮樂征伐自天子出；天下無道，則禮樂征伐自諸侯出。自諸侯出，蓋十世希不失矣；自大夫出，五世希不失矣；陪臣執國命，三世希不失矣。〔註239〕

而孔子所謂的「諸侯十世希不失矣」或許也可以用來詮釋西周至春秋初期周天子的處境，不過造成天子與諸侯間地位消長的變化，有以下兩個因素：第一、西周宗法制度中的「親親」精神，隨著時間的推移而日漸淡薄，使得周天子在宗族中的地位越形式微，既有的宗法制度已漸失去其作用，如〈秦始皇本紀〉中李斯所言：

周文武所封子弟同姓甚眾，然後屬疏遠，相攻擊如仇讎，諸侯更相誅伐，周天子弗能禁止。〔註240〕

春秋初期的征伐即大致反映了李斯所言「後屬疏遠，相攻擊如仇讎」的現象，除了鄭國為西周宣王時所封外，其他的封國多在西周早期或中期即已建立。親親精神既已日益淡薄，在親親精神的基礎下所建立的禮樂制度，到了春秋時代當然也就失去其意義而只徒具形式而已，如孔子所言：

禮云禮云，玉帛云乎哉？樂云樂云，鐘鼓云乎哉？〔註241〕

第二，「各侯國經過長期的社會、經濟與文化發展，特別是人口的繁衍、土地的拓殖，及受教育貴族的強大，使得王室原來的權威基礎逐漸但卻決定性喪失。王室的政軍優勢，相對降低。」〔註242〕

因此在「後屬疏遠」及王室政軍優勢逐漸降低的情勢發展下，封國自主性的表現是與日俱增的，從西周中期到齊桓稱霸的這段時期，封國自主性的變化是漸進的，而到了春秋初期卻有了較為顯著的改變。西周中後期的封國

〔註239〕《論語・季氏》，《新編諸子集成》本，頁354。

〔註240〕《史記・秦始皇本紀》，頁239。

〔註241〕《論語・季氏》，《新編諸子集成》本，頁375～376。

〔註242〕鄭曉時，〈春秋時期的政軍關係〉，《人文及社會科學集刊》第六卷第二期，中研院中山人文社會科學研究所，台北，民國83年6月，頁172。

大體還能遵守禮制宗法，因此其自主性的表現雖隨著王室勢力的漸衰日益高張，然而由於當時周王仍有其一定的實力，因此大致還能尊重周王的地位，不過宣王晚年的「料民」，卻暴露出周室已實力見蹙，在仲山父對宣王的諫言中即有如下的話：

> 不謂其少而大料之，是示少而惡事也。臨政示少，諸侯避之；治民惡事，無以賦令。且無故而料民，天之所惡也，害於政而妨於後嗣。〔註243〕

最後，「王卒料之，及幽王乃廢滅。」〔註244〕因此平王東遷後周室地實力之式微其實早在宣王晚期即已顯露其敗象，故到幽王在位時，申國等竟能夠攻殺幽王，由此亦反映了封國的實力已足以凌駕周室。所以到了春秋中期，一則血緣的凝聚力已淡薄；一則王室的實力已薄弱，因此封國不再受到禮制及宗法的約束而表現出高度的自主性，直到齊桓以非姬姓宗族之身份會盟諸侯而稱霸天下，雖提出「尊王」的口號，實際上卻展現了王者的氣勢，自此也表現了封國自主性地位的昂揚。

〔註243〕《國語》，頁24～25。
〔註244〕同上。

第三章　周文化的特性與「文化殖民」

本章旨在探討殷周文化的因革關係，藉此以了解周文化之特性，並對周人的封建性質提出「文化殖民」的概念，希望透過這些論述，在前人的研究基礎上，能對於周人封建的本質有較爲深入而且周延的觀照。

第一節　殷周文化的傳承與維新〔註1〕

周人克商建立了新興王權而成爲天下的共主，雖然在政治上出現了新局，不過就文化面而言，彼此卻有著因革的關係，如孔子即謂：

> 殷因於夏禮，所損益可知也；周因於殷禮，所損益可知也；其或繼周者，雖百世可知也。〔註2〕

〔註1〕關於殷周文化關係的討論，當代學者王暉在其近著中有以下的論述：「關於商周文化的比較研究，學術界有完全不同的兩種論點。一種認爲商周文化迥然不同；另一種則認爲商周文化前後相因，大同而小異。前者可稱爲『迥異』說，後者可稱爲『微殊』說。『迥異』說的代表人物有王國維、郭沫若、鄒衡、許倬雲等人。……『微殊』說的代表人物有徐中舒、嚴一萍、張光直等學者。……前賢們的研究成果是不小的，但均有不系統之感。比較可知，這兩種說法的不同完全是由於參照係與著眼範圍不同。『迥異』說者大多數（除了鄒衡）是把商周文化放在整個中國歷史文化的大文化背景中去比較，而『微殊』說者則是僅在殷周兩個時代的文化背景中去比較。筆者以爲前者的方法是對的。」見王暉，《商周文化比較研究》，人民出版社，北京，2000年，頁1～2。不過，個人認爲本書的作者忽略了先周的歷史背景（詳見本論文第一章第一節）對周文化發展的影響，況且文化是漸進發展而來，非一蹴可幾，因此本人較認同「微殊」說。

〔註2〕《論語·爲政》，《新編諸子集成》本，頁39。

又在《論語・八佾》篇中，孔子亦謂：

周監於二代，郁郁乎文哉！吾從周。〔註3〕

由此可見殷周二代在文化關係上有傳承，也有損益，不過王國維在〈殷周制度論〉中卻認為：

中國政治與文化之變革，莫劇於殷周之際。……殷周間之大變革，自其表言之，不過一姓一家之興亡與都邑之移轉；自其裏言之，則舊制度廢而新制度興，舊文化廢而新文化興。……周人制度之大異於商者，一曰立子立嫡之制，由是而生宗法及喪服之制，并由是而有封建子弟之制，君天子臣諸侯之制。二曰廟數之制。三曰同姓不婚之制。〔註4〕

王國維似乎認為商周間的遞嬗不止是政治上的興廢，而且也是制度文化上的興廢，並舉出了上述三事來加以說明。然而屈萬里對後者的看法卻提出了以下的意見：

王國維所舉的三事，除了第三點還沒法證明之外；其餘一、二兩點，殷人都已開其端。到了周人，不過又加以損益，使它們更制度化就是了。〔註5〕

再者，從物質面來看，亦可看出商周間的文化有其相因的關係，如張光直在〈殷周關係的再檢討〉一文中有以下的看法：

從考古材料上看，殷周文化各淵源於不同區域的龍山文化，而且在形成過程中互有影響。因此兩個文化是屬於同一個文化傳統——中原文化——的，但殷文化形成較早，影響力較強，同時，周文化也有他的地方性、區域性的特色。武王伐紂以後，西周文化繼承了殷商文化的一緒，同時也將他們的固有文化加入了中原文化的主流。〔註6〕

此外，他在〈夏商周三代都制與三代文化異同〉中也有以下的結論：

從物質遺跡上看來，三代的文化是相近的：縱然不是同一民族，至

〔註3〕《論語・八佾》，《新編諸子集成》本，頁56。

〔註4〕王國維，〈殷周制度論〉，頁433～436。

〔註5〕屈萬里，〈西周史事概述〉，《中央研究院歷史語言研究所集刊》第四十二本第二分，中央研究院歷史語言研究所，台北，民國60年12月，頁792。另關於第三點，有學者王暉以為：「從殷墟卜辭中看，殷人婦女是無姓的，可知殷人不存在同姓不婚之制。」見王暉《商周文化比較研究》，頁358～359。

〔註6〕張光直，〈殷周關係的再檢討〉，收於《中國青銅時代》，聯經，台北，民國72年，頁118。

> 少是同一類民族。……三代都是有獨特性的中國古代文明的組成部份，其間的差異，在文化、民族的區分上的重要性是次要的。〔註 7〕

因此，從制度面及物質面來看，殷周文化當是一種「因革損益」的關係才是。誠如許倬雲在〈周人的興起及周文化的基礎〉一文中對於殷周文化的關係所提出的以下兩點看法：

> 本文嘗試把考古資料，文獻史料與近人的考證溶合在一起，以敘述周人滅商的史實，在敘述的過程中，至少我們可以看到：第一，周人的文化基礎也很古老，其程度與黃河下游的殷商文化相差不多，而且二者間有密切的關係；第二，周人經過好幾代的經營，逐步向東進迫，過程是漫長的，其中必有相當密切的文化接觸，此點足以進一步支持殷周文化雷同之必然。〔註 8〕

綜合上述所言，《詩經・文王》：「周雖舊邦，其命維新」〔註 9〕之語，或可做爲對周文化具有因革損益特性的最好詮釋。以下將從制度及思想兩個層面，分別探討殷周文化「傳承」與「維新」的關係。

一、就「制度面」看殷周文化之因革關係

就制度面而言，可分爲以下三個部分來加以論述：

（一）宗法制度

關於殷周時期「宗法」之定義有多家不同的說法，〔註 10〕然而在這些說法中，個人以爲以下的定義較能符合宗法制度的要旨：

> 宗法制度的核心是繼承制度。《禮記・喪服小記》：「別子爲祖，繼別爲宗（只大宗——引者），繼禰者爲小宗」。清人程瑤田在《宗法小

〔註 7〕張光直，〈夏商周三代都制與三代文化異同〉，收於《中國青銅時代（第二集）》，聯經，台北，民國 79 年，頁 40。

〔註 8〕許倬雲，〈周人的興起及周文化的基礎〉，收於《求古編》，聯經，台北，民國 71 年，頁 80。

〔註 9〕《詩經・大雅・文王》，《十三經注疏》本，頁 533。

〔註 10〕各家之定義，約有以下六類：1. 宗法即宗廟之法。2. 宗法即嫡長繼承之法。3. 宗法即保留與淘汰祭祀對象之法則。4. 宗法即倫理規範。5. 宗法即家族法。6. 宗法即宗族（氏族親屬）組織法・管理法。不過古今學者們均同意「血緣關係」，也就是文獻所謂的「同宗共族」是宗法制度的基礎，只有在此基礎下才會產生宗法制度。以上引自秦照芬，〈殷周宗法制度研究回顧〉，《簡牘學報》第十五期，蘭臺出版社，台北，民國 82 年 12 月，頁 182。

記》中說：「宗之道，兄之道也」。所謂「宗法」，就是嫡庶制，故實質上是繼承制度。〔註11〕

從上述所言可以看出宗法制度的本質，或者說當初設計的根本用意當是爲了建立一套穩定的繼承方式，藉此也同時規範了血緣團體成員所相對應的地位，而在此基礎下遂發展出倫理規範、宗族組織、宗廟之法等等。因此，宗法制度的根本精神即在於嫡長繼承制的建立，其它所謂的倫理規範、宗族組織、宗廟之法等等，均是在此繼承制度下所逐漸衍生出來的產物，而這些事物卻也同時擴大了宗法制度的內涵，完善了宗法制度的規模。

宗法制度的意義既明，那麼殷代是否已出現宗法制度？關於這點，學者看法不一，如王國維即主張殷商無宗法制度，徐復觀、章景明、晁福林、劉漢德及曾謇等人亦從此說；另外如丁山、胡厚宣、李宗侗、陳夢家、童書業、黃然偉、李學勤、錢杭、田倩君、段渝、陳森及朱鳳瀚等學者則主張殷商時期即已有宗法制，其中李學勤強調：「殷代有嫡長繼承情況，已具宗法雛型。」〔註12〕

儘管有兩派不同的主張，然而「商王的繼承制度以子繼爲常，子繼則以兄之子繼爲主。卜辭中有大示、直系與小示、旁系之別，在語言上已出現帝（嫡）、介（庶）的詞語，故商代確已有宗法制。」〔註13〕因此，從子繼爲常、大小宗之別以及嫡庶之語的出現來看，筆者以爲宗法制度在殷代晚期以前即已萌芽，直到殷末康丁以後出現嫡長子繼承的情形，宗法制度的規模遂逐漸建立起來。雖然最近有學者主張：「在康丁、武乙之前殷代雖有嫡庶之分，但並無宗法之制」〔註14〕「殷代宗法制度是在殷末康丁武乙之後嫡長子繼承制確立後，文丁帝乙用堂祭設立近親四祖或五祖以內的親族組織才逐步建立起來的。與周代的宗法制相比，殷人的宗法制並不完善：1. 雖然文丁帝乙設立的堂祭已建立了四祖或五祖以內的宗族組織，遠祖的祧遷與親族的的分化出現了；但帝乙時代仍繼承前人的周祭制度，對先公先王不分直系旁系均進行祭祀，可見這時並未完全脫離舊制的羈絆。2. 殷末產生的宗族組織因爲是剛

〔註11〕王宇信、楊升南主編，《甲骨學一百年》，社會科學文獻出版社，北京，1999年，頁470。

〔註12〕此部份有關「殷代是否已有宗法制度」的討論，引自秦照芬，〈殷周宗法制度研究回顧〉，頁183。

〔註13〕王宇信、楊升南主編，《甲骨學一百年》，頁472。

〔註14〕王暉，《商周文化比較研究》，頁287。

剛起步，所以處於不穩定狀態。如文丁時建立了四親以內的親族組織，而武乙便增為五親以內的親族組織；而文丁只為其父武乙設立了宗堂與祕堂，帝乙則為其父文丁和其祖父武乙均設立了宗堂與祕室。但這些現象的出現也是不奇怪的，因為殷末殷人的宗法制才剛剛產生，因此它一方面很難與舊制割斷聯系，另一方面它也有待於發展成熟，所以處於不穩定狀態也是很自然的。」〔註 15〕不過，這種情形似乎應當視為殷人宗法制度的發展階段，不當認為是殷人宗法制才剛剛發生。

從以上綜觀來看，殷人在康丁以前，當是宗法制的萌芽期，這個時期雖不敢確定是否已有嫡長子繼承制，但卻已有嫡庶之別，當可視為宗法制度之先聲；而康丁以後嫡長子繼承制的建立，以及遠祖的祧遷、親族的分化，則反映了殷代末期為宗法制度的發展期；最後宗法制度在周人的因革損益下而大備，西周可說是宗法制度的成熟期。〔註 16〕

宗法制度雖自殷萌芽、發展而至周大備，不過殷周之間的宗法制度仍存在著差異，「從目前已發表的文章來看，學者們在討論殷周宗法之異同時，大都強調周代宗法制度與封建制度有密切關係，而殷商時代則無宗法制度與政權結合之現象。例如李震、杜正勝、智貽、郝鐵川、段渝、錢宗範、陳森、錢杭等人皆強調宗法與政權之關係，另一方面也強調土地是宗族之經濟基礎，所謂『致邑立宗』，致邑是立宗必要的經濟基礎。錢宗範將西周宗法制度稱之為『宗法封建制』，陳森則稱之為『宗法分封制』；李震認為西周宗法組織實即是一軍事機構的組織，周代將宗法結構、政治結構、軍事結構合而為一；段渝則指出殷人所沒有的是宗法與國家政治經濟制度相嫁接後產生的新體制；杜正勝則在其文章中提及『周人宗法特色在使人不數典忘祖，故禮王、尊祖、敬宗三者合而為一，同時周人適度復興共權的昭穆制以重新分配政治權力，為了形勢周人不一味強調氏族長制、不尊重世系、不嚴格講究大小宗而重伸『親疏』的舉親政策，大小宗只是周人在昭穆制度以外『收族』的另一種方式。』錢杭以為『周代政治與宗法關係緊密難分，在周代宗法不具備獨立性，除了要處理宗族內部的事外，還必須處理宗族與國家政權之關係。

〔註 15〕王暉，《商周文化比較研究》，頁 309。

〔註 16〕如章太炎曾說：「宗法雖萌芽夏商間，逮周始定。」梁啓超亦謂：「宗法蓋起於上古，至周而益嚴密。」從二人之說及甲骨卜辭所見，殷代應為宗法制度的萌芽及發展期才是。轉引自謝謙，《中國古代宗教與禮樂文化》，四川人民出版社，成都，1996 年，頁 84。

因此周人把注意力放在宗族與政權、宗法與政治關係上。』」〔註17〕

從以上學者的討論可以看出，殷周宗法制度最大的差異在於殷人的宗法與政治是相分離的，而周人則別出心裁地將宗法制度與政治相結合，使宗法制成爲穩固王權的重要基礎，不過這是就宗法制度的作用而言。另外就制度的內容來看，其間亦有異同之處，這可分以下四部份來看：「一、繼承制度：整個西周王朝的繼統法是比較嚴格的傳子制；同時又不能否認這是繼商代晚期的發展趨勢而來。同樣，我們也不能否認，西周王室仍遺留兄終弟及制的殘餘，列國更爲多見。即使如此，我們也不能說這些國家保有原始習俗，沒有確定立嫡制。二、宗、系的劃分：商代大宗、小宗與大示、小示的存在，證明宗族有大宗與小宗的區別，宗統有直系、旁系的劃分，從而，古代宗法制度的主幹，已經十分明顯地呈現出來了。西周大體繼承了商代的大宗、小宗之制，在它原有的父系家長家族制的基礎上，爲適應政治統治的需要而有所發展，進一步與政治相結合和制度化、普通化，並且加以理論的概括。三、祭祀制度：商代後期的祭祀，逐步減少祭祀對象，削減繁雜的祭名與祭牲種類、數量，確立祖先神的主導地位，祖先神中直系，直系中的近親的主導地位。人們神權觀念的次第淡薄，祭祀活動的簡化和形式化，爲以後祭祀制度定下了雛型。西周的祭祀制度，就今所見，不如商代詳細具體。但是，可以推知，大體亦經歷商代的那種過程，亦是從繁到簡，受祭者從遠到近，祭牲從多到少，商代晚期與西周初期正是緊相銜接的。四、廟祧制度：商代晚期的廟制處在將成未成之中，不過從晚商輕遠祖重近親的祭禮出現就已經奠立周代廟制的雛型，而確切的廟制是西周的東西。五廟之制應是常制，這從宗法制度上說，難以動搖，即清人許宗彥謂：『一祖四親，服止五、廟亦止五。』『故五廟禮之正，二祧仁之至。』不過七廟制的各種說法，若從宗法定型之前的實際來考察，也都有可能，即在廟制未定之際，既可以七世、九世，也可以六世、八世，以親廟爲基礎，加祀始祖和有功德之祖。分封侯國，則以『別子爲祖』，下立四親廟，是爲五廟之制，但也有以別子之上世爲祖。如鄭祖厲王、魯立周公之廟、宋祖帝乙、齊可能祖太公。」〔註18〕

從以上所述，可以看出商周宗法制度之間關係，大致而言，周人是在殷人的基礎下將宗法制度加以完備化。周代宗法制度的內容可分反映在以下幾

〔註17〕秦照芬，〈殷周宗法制度研究回顧〉，頁185。

〔註18〕摘錄自王貴民，《商周制度考信》，明文書局，台北，民國78年，頁35～60。

個方面：君統與宗統、嫡長子繼承制、宗廟之制以及喪服之制等。〔註 19〕關於周人宗法制度最早而有系統的記載可見《禮記・喪服小記》、〈大傳〉，然而這些宗法「理論」在西周一朝實行的情形如何？「我們可以說周代社會所行的宗法，不但沒有像服傳所說的那般嚴密，恐怕也未必與〈小記〉、〈大傳〉的理論完全符合。」〔註 20〕不過，這些「理論」當不致憑空而來，周人實行宗法制度的情形應不會與「理論」相差太遠，因此這些記載當可以爲我們勾勒出周人實行宗法制的大致輪廓。

（二）禮制〔註 21〕

關於三代禮制，司馬遷在《史記》中曾有如下之語，他說：

> 洋洋美德乎！宰制萬物，役使群眾，豈人力也哉？余至大行禮官，觀三代損益，乃知緣人情而制禮，依人性而作儀，其所由來尚矣。〔註 22〕

司馬遷道出了殷周禮制的精神。而班固在《漢書》中對於周代禮制的因革亦有以下的看法：

> 王者必因前王之禮，順時施宜，有所損益，即民之心，稍稍制作，至太平而大備。周監於二代，禮文尤具，事爲之制，曲爲之防，故稱禮經三百，威儀三千。〔註 23〕

〔註 19〕內容可詳見錢玄，《三禮通論》，南京師範大學出版社，南京，1996 年，頁 438～459。

〔註 20〕章景明，〈周人宗法制度考〉，《幼獅學誌》第十九卷第三期，幼獅文化，台北，民國 76 年 5 月，頁 88。

〔註 21〕「總的來說，古代所謂禮包含制度與禮儀兩大部分，雖然國家的禮儀也可以看作是制度的一種，但禮儀更應當說是一種文化形式、文化體系。在禮中所包含的制度性內容中，根據〈王制〉，有職官（《周禮》）、班爵、授祿構成的官僚等級體系，有土地制度、關稅制度、行政區劃制度、刑律體系、朝覲制度、（國家）祭祀制度、自然保護制度、貴族喪祭制度、學校養老制度等，即傳統所謂『典章制度』」。（陳來，《古代宗教與倫理——儒家思想的根源》，三聯書店，北京，1996 年，頁 247。）因此，「禮字在古代有廣狹二義：就廣義而言，凡政制刑法，朝章國典，一概可稱之爲禮；就狹義而言，則專指當時各級貴族經常舉行的祀享、喪葬、朝覲、軍旅、冠婚諸方面的典禮。」（杜勇，《《尚書》周初八誥研究》，頁 224。）由於「禮」的內涵相當廣闊，因此本節中所述的「禮」主要只是以《禮記》中的喪祭典禮爲例來加以討論，不過，由此亦可反映出殷禮與周禮在其它部分的傳承關係。

〔註 22〕《史記・禮書》，頁 1157。

〔註 23〕《漢書・禮樂志》，頁 1029。

由此可見，周人係承襲二代之禮加以損益而大備，不過由於典籍佚失，又無執禮的遺賢，到了春秋時孔子對於殷禮的內容已有了不足之歎：

> 夏禮，吾能言之，杞不足徵也。殷禮，吾能言之，宋不足徵也。文獻不足故也。足，則吾能徵之矣。〔註24〕

《禮記・禮運》中也有類似的記載：

> 我欲觀夏道，是故之杞，而不足徵也；吾得夏時焉。我欲觀殷道，是故之宋，而不足徵也；吾得坤乾焉。坤乾之義，夏時之等吾以是觀之。〔註25〕

由於文獻不足故，今日若欲一窺殷禮之具體內容，大概亦無法觀其全貌，不過，我們仍可從《禮記》追溯古禮的記載中來了解殷周禮制之差異，茲根據《禮記》所載，將有關追溯四代禮儀的部分整理如下表：

表六　四代禮儀因革表

禮的性質		有虞氏之禮	夏后氏之禮	殷人之禮	周人之禮
祭禮	祭器	泰	山罍	著	犧象〔註26〕
			琖	斝	爵〔註27〕
			雞夷	斝	黃目〔註28〕
			龍勺	疏勺	蒲勺〔註29〕
		兩敦（數量，下同）	四璉	六瑚	八簋〔註30〕
		俎以梡（器飾，下同）	以嶡	以椇	以房俎〔註31〕
			楬豆（器飾，下同）	玉豆	獻豆〔註32〕
	樂器	拊搏玉磬揩擊，大琴大瑟，中琴小瑟，四代之樂器也〔註33〕			
			鼓，足	楹鼓	縣鼓〔註34〕
			龍簨虡（器飾，下同）	崇牙	璧翣〔註35〕

〔註24〕《論語・八佾》，《新編諸子集成》本，頁49。
〔註25〕《禮記・禮運》，《十三經注疏》本，頁415。
〔註26〕《禮記・明堂位》，《十三經注疏》本，頁581。
〔註27〕《禮記・明堂位》，《十三經注疏》本，頁581。
〔註28〕《禮記・明堂位》，《十三經注疏》本，頁581。
〔註29〕《禮記・明堂位》，《十三經注疏》本，頁581。
〔註30〕《禮記・明堂位》，《十三經注疏》本，頁583。
〔註31〕《禮記・明堂位》，《十三經注疏》本，頁583。
〔註32〕《禮記・明堂位》，《十三經注疏》本，頁583。
〔註33〕《禮記・明堂位》，《十三經注疏》本，頁582。
〔註34〕《禮記・明堂位》，《十三經注疏》本，頁582。
〔註35〕《禮記・明堂位》，《十三經注疏》本，頁583。

祭禮	乘車	鸞車	鉤車	大路	乘路〔註36〕
	乘馬		絡馬，黑鬣	白馬，黑首	黃馬，蕃鬣〔註37〕
	用旗	旂	綏	大白	大赤〔註38〕
		綏（旗飾，下同）	綢練	崇牙	璧翣〔註39〕
	用牲		牲用玄（牲色，下同）	牲用白	牲用騂〔註40〕
			牲尚黑（牲色，下同）	白牡	騂剛〔註41〕
		祭首（牛牲，下同）	祭心	祭肝	祭肺〔註42〕
	酒水		尚明水	尚醴	尚酒〔註43〕
	祭冠		收	冔	弁〔註44〕
		皇而祭	收而祭	冔而祭	冕而祭〔註45〕
			三王共皮弁素積〔註46〕		
	服飾	服韍	山	火	龍章〔註47〕
	執事	官五十	官百	二百	三百〔註48〕
	尸位		立尸而卒祭	坐尸	坐尸，詔侑武方，旅酬六尸〔註49〕
	先薦	尚用氣		尚聲	尚臭〔註50〕
	求魂			先求諸陽	先求諸陰〔註51〕
	分俎			貴髀	貴肩〔註52〕
	對象	禘黃帝而郊嚳 祖顓頊而宗堯	禘黃帝而郊鯀 祖顓頊而宗禹	禘嚳而郊冥 祖契而宗湯	禘嚳而郊稷祖文王而宗武王〔註53〕
	郊時		祭其闇	祭其陽	祭日以朝及闇〔註54〕

〔註36〕《禮記・明堂位》，《十三經注疏》本，頁580。
〔註37〕《禮記・明堂位》，《十三經注疏》本，頁581。
〔註38〕《禮記・明堂位》，《十三經注疏》本，頁580。
〔註39〕《禮記・明堂位》，《十三經注疏》本，頁584。
〔註40〕《禮記・檀弓上》，《十三經注疏》本，頁114。
〔註41〕《禮記・明堂位》，《十三經注疏》本，頁581。
〔註42〕《禮記・明堂位》，《十三經注疏》本，頁584。
〔註43〕《禮記・明堂位》，《十三經注疏》本，頁584。
〔註44〕《禮記・郊特牲》，《十三經注疏》本，頁504。
〔註45〕《禮記・王制》，《十三經注疏》本，頁265。
〔註46〕《禮記・郊特牲》，《十三經注疏》本，頁504。
〔註47〕《禮記・明堂位》，《十三經注疏》本，頁583。
〔註48〕《禮記・明堂位》，《十三經注疏》本，頁584。
〔註49〕《禮記・禮器》，《十三經注疏》本，頁467。
〔註50〕《禮記・郊特牲》，《十三經注疏》本，頁507。
〔註51〕《禮記・郊特牲》，《十三經注疏》本，頁507。
〔註52〕《禮記・祭統》，《十三經注疏》本，頁836。
〔註53〕《禮記・祭法》，《十三經注疏》本，頁796。
〔註54〕《禮記・祭義》，《十三經注疏》本，頁812。

<table>
<tr><td rowspan="10">喪
禮</td><td>棺柩</td><td>瓦棺</td><td>堲周</td><td>棺槨</td><td>牆置翣〔註 55〕</td></tr>
<tr><td>葬器</td><td></td><td>用明器</td><td>用祭器</td><td>兼用之〔註 56〕</td></tr>
<tr><td>主重</td><td></td><td></td><td>主綴重焉</td><td>主重徹焉〔註 57〕</td></tr>
<tr><td>祭冠</td><td></td><td></td><td>冔而葬</td><td>弁而葬〔註 58〕</td></tr>
<tr><td>喪事</td><td></td><td>大事斂用昏</td><td>大事斂用日中</td><td>大事斂用日出〔註 59〕</td></tr>
<tr><td>停柩</td><td></td><td>殯於東階之上則猶在阼也</td><td>殯於兩楹之間則與賓主夾之</td><td>殯於西階之上則猶賓之也〔註 60〕</td></tr>
<tr><td>朝祖</td><td></td><td></td><td>朝而殯於祖</td><td>朝而遂葬〔註 61〕</td></tr>
<tr><td rowspan="2">弔慰</td><td rowspan="2"></td><td rowspan="2"></td><td>弔於壙</td><td>弔於家〔註 62〕</td></tr>
<tr><td>既封而弔</td><td>反哭而弔〔註 63〕</td></tr>
<tr><td>祔祭</td><td></td><td></td><td>練而祔</td><td>卒哭而祔〔註 64〕</td></tr>
<tr><td rowspan="4">養
老
禮</td><td>宴會</td><td>以燕禮</td><td>以饗禮</td><td>以食禮</td><td>脩而兼用之〔註 65〕</td></tr>
<tr><td>處所</td><td>養國老於上庠
養庶老於下庠</td><td>養國老於東序
養庶老於西序</td><td>養國老於右學
養庶老於左學</td><td>養國老於東膠
養庶老於虞庠〔註 66〕</td></tr>
<tr><td>服色</td><td>深衣而養老</td><td>燕衣而養老</td><td>縞衣而養老</td><td>玄衣而養老〔註 67〕</td></tr>
<tr><td>序齒</td><td></td><td colspan="3">凡三王養老皆引年〔註 68〕</td></tr>
<tr><td>冠
禮</td><td>冠名</td><td></td><td>毋追</td><td>章甫</td><td>委貌〔註 69〕</td></tr>
<tr><td>軍
禮</td><td>戎事</td><td></td><td>乘驪</td><td>乘翰</td><td>乘騵〔註 70〕</td></tr>
</table>

從上列表中我們可以看出四代禮制的因革關係，從殷人與周人在「祭禮」與「喪禮」這兩個部分儀節內容均同樣繁複來看，可見殷周兩代對祭禮與喪

〔註 55〕《禮記・檀弓上》，《十三經注疏》本，頁 113。
〔註 56〕《禮記・檀弓上》，《十三經注疏》本，頁 146。
〔註 57〕《禮記・檀弓下》，《十三經注疏》本，頁 168。
〔註 58〕《禮記・檀弓下》，《十三經注疏》本，頁 170。
〔註 59〕《禮記・檀弓上》，《十三經注疏》本，頁 114。
〔註 60〕《禮記・檀弓上》，《十三經注疏》本，頁 130。
〔註 61〕《禮記・檀弓下》，《十三經注疏》本，頁 172。
〔註 62〕《禮記・坊記》，《十三經注疏》本，頁 869。
〔註 63〕《禮記・檀弓下》，《十三經注疏》本，頁 170。
〔註 64〕《禮記・檀弓下》，《十三經注疏》本，頁 171。
〔註 65〕《禮記・王制》，《十三經注疏》本，頁 163。
〔註 66〕《禮記・王制》，《十三經注疏》本，頁 265。
〔註 67〕《禮記・王制》，《十三經注疏》本，頁 265。
〔註 68〕《禮記・王制》，《十三經注疏》本，頁 265。
〔註 69〕《禮記・郊特牲》，《十三經注疏》本，頁 504。
〔註 70〕《禮記・檀弓上》，《十三經注疏》本，頁 114。

禮的重視，所謂「國之大事在祀與戎」，〔註 71〕就「祀」所表現於禮制方面來看，殷周兩代的禮制精神可說是一脈相承，雖然在儀節方面或因民情的差異而有實行上的不同，不過就重「祭祀」與重「送死」的精神而言卻是一致的。然而，周人雖也重「祀」，但就周人整個禮制的精神而言，「周禮與殷禮的一大不同就是，人禮重于鬼神之禮。」〔註 72〕這當是周人與殷人禮制精神的差異所在，不過鬼神對周人的影響仍是在的。

此外，「禮」爲本，「儀」乃是末，這兩者之間的差異也當認清，如此才可以進一步看出殷周禮制在儀節方面異同之所在。關於禮儀之別，《左傳・昭公五年》魯昭公如晉一事即可做爲最好的詮釋：

> 公如晉，自郊勞至於贈賄，無失禮。晉侯謂女叔齊曰：「魯侯不亦善於禮乎？」對曰：「魯侯不亦善於禮乎？」對曰：「魯侯焉知禮！」公曰：「何爲？自郊勞至於贈賄，禮無違者，何故不知？」對曰：「是儀也，不可謂禮。禮，所以守其國，行其政令，無失其民者也。今政令在家，不能取也；有子家羈，弗能用也；奸大國之盟，陵虐小國；利人之難，不知其私。公室四分，思莫在公，不圖其終。爲國君，難將及身，不恤其所。禮之本末將於此乎在，而屑屑焉習儀以亟。言善於禮，不亦遠乎？」君子謂叔侯於是乎知禮。〔註 73〕

又《史記》所謂：「緣人情而制禮，依人性而作儀」；《漢書》亦有：「禮經三百，威儀三千」之語，由此可看出「禮」與「儀」的分別。《禮記・禮器》篇中有謂：「三代之禮一也，民共由之。或素或青，夏造殷因。」〔註 74〕所謂「三代之禮一也」，可從禮的「精神」或從禮制的「結構」來詮釋三代禮制的傳承關係，而「或素或青」可用來說明三代在「儀節」上的差異。誠如當代學者所言：

> 從《禮記》所說看來，四代天子禮制的不同，不是結構性的不同，而是在結構一致下的細節規定的不同，如祭祀必用旗、用馬、乘車，但所乘何車，所用何旗，及馬之顏色，四代規制不同。〈禮記・樂記〉說：「五帝殊時，不相沿樂；三王異世，不相沿禮。」應是指禮之具體規定的不同，而禮之結構和體系，則不能說四代不相因沿。〔註 75〕

〔註 71〕《春秋左傳・成公十三年》，《十三經注疏》本，頁 460。
〔註 72〕陳來，《古代宗教與倫理 —— 儒家思想的根源》，頁 247。
〔註 73〕《春秋左傳・昭公五年》，《十三經注疏》本，頁 744～745。
〔註 74〕《禮記・禮器》，《十三經注疏》本，頁 460。
〔註 75〕陳來，《古代宗教與倫理 —— 儒家思想的根源》，頁 232。

因此探討殷周禮制當從精神、結構，以及儀節等三個層次來考察，由此才可以看出殷周禮制異同處的根本所在。就「精神」層次而言，殷周均重「祭禮」與「喪禮」，此爲其同；但周人的人禮重於鬼神之禮，此爲其異。就「結構」的層次而言，則殷周之間有其因沿的關係，此爲其同。這兩個層次也就是所謂「禮」的意涵，亦即「緣人情而制禮」之謂也。就儀節的層次而言，則殷周兩代的具體規定有所不同，此爲其「異」。同時，這個層次即是所謂「儀」的意涵，「在『人際』關係中行禮有式是謂儀，表示行禮者之身份地位的豪華舉動，謂之『威儀』。」〔註76〕亦即「依人性而作儀」之謂也。從殷周禮制表現在這三個層次的異同來看，也正反映了殷周文化間「傳承」與「維新」的特色。

另外，從作爲禮制象徵的青銅禮器來看，也可印證這樣的情形：

> 西周早期的青銅器，主要是商末傳統的延續，特別是周初的器物，直接繼承了商代繁縟華麗的風格。商周青銅器之間的差異，每每是在細微的方面。唯一顯然不同的是，周人的銘文多而長，內容也更爲重要。到了西周中期，青銅器的種類有較大的變化，一些酒器如爵、角、斝、觚、尊、卣、方彝等，逐漸減少甚或消失，鐘則在此時出現。紋釋趨於簡樸，重新流行帶狀花紋。西周早期自商代沿襲而來的以神話動物爲主的各種花紋，至此漸被分解而圖案化。銘文字體也由雄渾遒勁，轉爲整齊規飭。這樣的趨勢，在西周晚期仍然繼續。〔註77〕

不過，《禮記》的記載中也出現了四代禮儀並行的情形，如未成年之喪：

> 周人以殷人之棺槨葬長殤，以夏后氏之塈周葬中殤下殤，以有虞氏之瓦棺葬無服之殤。〔註78〕

如孔子之喪：

> 孔子之喪，公西赤爲志焉：飾棺、牆置翣設披，周也；設崇，殷也；綢練設旐，夏也。〔註79〕

從以上的記載可以看出，周代禮儀中亦有取四代禮儀之長同時並用的特色，另外，亦有部份的殷禮仍被保存下來而執行，如子張之喪行殷士禮：

〔註76〕楊向奎，《宗周社會與禮樂文明》，人民出版社，北京，1997年，頁338。
〔註77〕李學勤，〈中國青銅器及其最新發現〉，收於《比較考古學隨筆》，廣西師範大學出版社，桂林，1997年，頁216。
〔註78〕《禮記·檀弓上》，《十三經注疏》本，頁113～114。
〔註79〕《禮記·檀弓上》，《十三經注疏》本，頁132。

子張之喪，公明儀爲志焉。褚幕丹質，蟻結于四隅，殷士也。〔註 80〕

又如其他有關殷人的喪禮：

掘中霤而浴，毀竈造以綴足；及葬，毀宗躐行，出于大門——殷道也。學者行之。〔註 81〕

從這些記載可以看出周代禮制具有兼容並蓄的特色，因此綜合以上的論述，可知：

武王死後，姬周統治集團以周公爲首，爲了有效地鞏固政權，有效地統治殷人，周初統治者在保留並改造周文化傳統的同時又吸收借鑒殷文化傳統而形成了周禮。因而《禮記》、《論語》等先秦古籍常謂何爲周禮，何爲殷禮，以金文與載籍互證，此非虛言。周文化中既有周人禮制文化的成分，又有殷人禮制文化的因素，它們在不同的時間不同的地點各自擅有自己的市場，而且發揮著各自特有的作用，並行不悖，相輔相成，形成了殷禮周禮並用的文化特色。〔註 82〕

（三）分封制

關於分封的現象，從《史記》的記載可看出出現很早，如在舜時「封弟象爲諸侯」，〔註 83〕將契「封于商，賜姓子姓」，〔註 84〕「封棄於邰，號曰后稷，別姓姬氏」；〔註 85〕而禹踐位之後，「堯子丹朱，舜子商均，皆有疆土，以奉先祀。」〔註 86〕「封皋陶之後於英、六，或在許。」。〔註 87〕而同時亦有分封氏族的現象，如〈夏本紀〉所載：

禹爲姒姓，其後分封，用國爲姓，故有夏后氏、有扈氏、有男氏、斟尋氏、彤城氏、褒氏、費氏、杞氏、繒氏、辛氏、冥氏、斟戈氏。〔註 88〕

如〈殷本紀〉所載：

〔註 80〕《禮記・檀弓上》，《十三經注疏》本，頁 132～133。
〔註 81〕《禮記・檀弓上》，《十三經注疏》本，頁 136。
〔註 82〕王暉，《商周文化比較研究》，頁 211。
〔註 83〕《史記・五帝本紀》，頁 44。
〔註 84〕《史記・殷本紀》，頁 91。
〔註 85〕《史記・周本紀》，頁 112。
〔註 86〕《史記・五帝本紀》，頁 44。
〔註 87〕《史記・夏本紀》，頁 83。
〔註 88〕同上，頁 89。

契為子姓，其後分封，以國為姓，有殷氏、來氏、宋氏、空桐氏、稚氏、北殷氏、目夷氏。〔註 89〕

因此若從《史記》記載來看，早在虞夏時期當已出現分封的現象，且夏商時期亦有氏族分封的情形。不過，由於殷商時期出土的史料相當豐富，如卜辭，因此對於殷人的分封情形吾人比較能夠有充分的認識。

從卜辭來看，「在甲骨文中可以發現『侯』、『伯』、『子』等名稱，而且出現次數很多。『侯』、『伯』二字，大部分學者都同意它們是爵稱，至於『子』字則爭議較多；另有學者主張卜辭中的『婦』（帚）也是殷代封爵的名稱。可見商代已經實行分封制度。從甲骨文中可以發現商代的諸侯有兩大類：一類是『子姓諸侯』，即與商王同姓之諸侯。……另一類是『非子姓諸侯』，即那些與商王異姓之諸侯。」〔註 90〕由此看來殷代的分封制已有了「爵稱」及「分封同姓及異姓諸侯」等情形。另外就分封的目的而言，島邦男亦根據卜辭而有以下的論述：

然而實際上殷代的侯伯並不只是殖民部落的建置，而是基於防衛外寇的目的才有的建置。侯伯之外，殷又將同族的「子」及「服」配置於四方來擔任防衛及治安工作，這些侯伯子服皆為國家的屏藩而受封建。〔註 91〕

殷人的分封蓋亦有屏藩王室的作用。因此從以上所述來看，周人亦繼承了殷人這些分封現象，就「爵稱」而言，從〈康誥〉:「侯、甸、男邦、采、衛」；〔註 92〕〈酒誥〉:「侯、甸、男、衛邦伯」；〔註 93〕〈召誥〉:「侯、甸、男邦伯」，〔註 94〕以及〈康王之誥〉:「庶邦侯、甸、男、衛」〔註 95〕等出現的諸侯名稱

〔註 89〕《史記・殷本紀》，頁 109。

〔註 90〕秦照芬，〈論商代的國家政體〉，《臺北市立師範學院學報》第二十九期，台北市立師範學院，台北，民國 87 年 3 月，頁 184。

〔註 91〕日・島邦男撰，溫天河、李壽林譯，《殷墟卜辭研究》，鼎文，台北，民國 64 年，頁 471。

〔註 92〕《尚書・康誥》，《十三經注疏》本，頁 200。關於侯甸男衛等，最初確是為王室的軍事防衛和農牧墾殖等服務的不同職名，後來逐漸發展為諸侯。在商代晚期大概已經開始了這種轉變，西周分封時加以完成，把原來區分職責的名稱轉用為封國君長以及地方首腦區別大小等級的稱號。根據後世的五等爵說，在這個行列裡，加入了公、伯、子，去了甸、采、衛，而成公侯伯子男。（見王貴民，《商周制度考信》，頁 103。）

〔註 93〕《尚書・酒誥》，《十三經注疏》本，頁 210。

〔註 94〕《尚書・召誥》，《十三經注疏》本，頁 219。

中，將其中的「男」再加上卜辭中即曾出現的「侯」、「伯」、「子」等爵稱，以及後來加入的「公」，即成了周人的「五等爵」〔註96〕制；就「對象」而言，周初武成亦有分封同姓及異姓諸侯（詳見第一章）的情形；就「目的」而言，《左傳・定公四年》所記載的：「昔武王克商，成王定之，選建明德，以蕃屏周」〔註97〕即爲例證，以上這些均充分反映了殷周分封制的傳承關係。「不過，從整個殷代來看，殷王封建子弟之制與周代封建制有本質的不同。殷代的分封子弟之制不過是方國部落內部的自然分化方式，〈殷本紀〉所說商契『其後分封，以國爲姓（氏）』，〈夏本紀〉所說夏禹『其後分封，用國爲姓（氏）』，反映了氏族內部的一般分化的情形，分化出來的支族另居一地，並依其地命氏命族。但周初的封建子弟之制，並不是一個簡單的氏族內部的分化現象，而是利用胙土、賜民、命氏，尤其頒賜禮器等儀式，提高了姬姓子弟以及一部分貴戚的政治地位——此即所謂的等級爵位，從而打破了方國聯盟格局，使諸侯方國在政權結構中具有了高低貴賤之分，政治地位等級化是周代分封制的特色。」〔註98〕

如上所述，可知殷周分封制的關係，就爵稱而言，「在甲骨文中，至少已經有了『侯』、『伯』、『子』三種名稱的出現。」〔註99〕而周人所謂的「五等爵」蓋由殷制發展而來。〔註100〕

〔註95〕《尚書・康王之誥》，《十三經注疏》本，頁289。

〔註96〕關於「公、侯、伯、子、男」等五等爵爵稱，楊伯峻有以下的看法：「自《孟子・萬章下》言有公、侯、伯、子、男五等諸侯爵位，《禮記・王制》，《白虎通・爵篇》相繼言之，然考之兩周彝器銘文，知銘文國君之名稱不但與《春秋》歧異，即在彝銘本身，雖同一國名，彼此互殊者仍多。楊樹達先生《積微居小學述林・古爵名無定稱說》言之鑿鑿有據。魯有四器稱魯侯，一器稱魯公。《尚書・費誓》爲魯侯伯禽誓師之辭，開首即云『公曰』。考之《春秋經》，於諸侯之葬皆稱『公』，《左傳》於諸侯亦嘗稱『公』，則『公』爲當時諸侯之通稱。」（見氏著，《春秋左傳注》，頁1。）雖古爵名無定稱，但諸侯間仍有等級之分。

〔註97〕《春秋左傳・定公四年》，《十三經注疏》本，頁947。

〔註98〕王暉，《商周文化比較研究》，頁323～324。

〔註99〕作者認爲：「子」應與「侯」「伯」一樣，都是封爵之稱，但與殷代王室，有著密切的親屬關係。張秉權，〈卜辭中所見殷商政治統一力量及其達到的範圍〉，《中國上古史待定稿》第二本，中央研究院歷史語言研究所，台北，民國74年，頁296。

〔註100〕傅斯年在〈論所謂五等爵〉一文中亦言：「五名之稱，緣自殷商，不可以言周制。今於卜辭中侯伯具見，其義已顯，上文敘之已詳。若公則載於殷虛書契前編卷二弟三葉者凡二，子男二字亦均見，特文字殘缺，無從得知其確義耳。」

就對象而言，均有分封同姓及異姓諸侯的現象，不過「選建明德」爲周人選拔對象的標準，而「『選建明德』大概有兩層意思。一是選拔姬姓王室弟子中的『明德』之人，將其分封爲諸侯。……第二層意思是指對於異姓諸侯國的分封，……判斷它們是否有『明德』的標準就是擁戴周王朝與否。」〔註101〕另外在分封同姓子弟上，周人較殷人更爲徹底，如周公時「立七十一國，姬姓獨居五十三人」。〔註102〕因此，「由天子統一派遣親戚、功臣到各地建立侯國、進行統治的分封制，自西周始大規模地普遍進行。」〔註103〕

就目的而言，殷周的分封制同樣都有鞏固王權的作用，不過周人卻將宗法制與分封制加以結合，「以嚴格的宗法制與宗法秩序爲依據，人爲地加速這種血緣組織政治化的過程，實行等級分宗與等級分封相結合的分封制，並藉以建立起周天子在宗統與君統中的最高統治地位和西周政體模式的，是西周的宗法分封制。」〔註104〕因此，「分封是西周統治者以宗法血緣關係爲依據的財產和權力的再分配，分封是調整統治階級內部關係的一個重要手段。」〔註105〕透過這樣的方式，周人的分封制較殷制更能發揮其屏藩王室的效果，《詩經・板》篇中所言即爲最好的說明：

> 价人維藩，大師維垣，大邦維屏，大宗維翰。懷德維寧，宗子維城。無俾城壞，無獨斯畏。〔註106〕

可見，就本質而言，西周分封同室子弟並非如殷人只是簡單的氏族分化現象，除了如前述所言「以宗法血緣關係爲依據的財產和權力的再分配」外，其中

（見氏著，〈論所謂五等爵〉，《中央研究院歷史語言研究所集刊》第二本第一分，民國19年初版，60年1月再版，中央研究院歷史語言研究所，台北，頁128。）另董作賓亦將甲骨文中所出現公、侯、伯、子、男五字加以整理以補充傳說，如「卜辭中所有之公字尚無作五等爵中公侯之『公』解者」「伯與侯，均爲殷代封建之制，似已毫無疑義，其侯與伯，釐然有別，稱伯者不稱侯，稱侯者亦不稱伯，非如春秋時代侯伯名義，可相淆亂。」（餘詳見氏著，〈五等爵在殷商〉，《中央研究院歷史語言研究所集刊》第六本第三分，民國25年初版，61年1月再版，中央研究院歷史語言研究所，台北，頁413～430。）

〔註101〕晁福林，〈試論西周分封制的若干問題〉，頁754。

〔註102〕《荀子・儒效篇》，《新編諸子集成》本，頁73。

〔註103〕楊善群，〈關於西周分封制的幾干問題〉，《複印報刊資料——先秦、秦漢史》，中國人民大學書報資料社，北京，1984年7月，頁31。

〔註104〕巴新生，《西周倫理形態研究》，天津古籍出版社，天津，1997年，頁87。

〔註105〕馮慶余、康大鵬，〈談西周分封的兩個問題〉，《西周史論文集》下冊，陝西人民教育出版社，西安，1993年，頁760。

〔註106〕《詩經・大雅・板》，《十三經注疏》本，頁635。

更加入了儀式化的成份，除了周王藉此以建立其「諸侯之君」的地位，同時也藉由頒賜禮器而確立了封國的「合法」性地位並「提高了姬姓子弟以及一部分貴戚的政治地位」。「如果說授民授疆土是周王朝在經濟上對諸侯的主要賜予，那麼，授予命圭則是從政治上對諸侯的任命，其作用和後世的符璽相似。」〔註 107〕因此，周人在殷人分封制的基礎上補充了宗法血緣，且較殷人的「胙土」、「命氏」還多了「授民」、「頒賜禮器物品」等儀式化的內容，此爲殷周兩代分封制在本質上的根本差異。

二、就「思想面」看殷周文化之因革關係

就思想面而言，天命思想是周人思想的精髓，它們包含以下兩部分：

（一）「天命靡常」觀

在談「天命靡常」觀之前，需要先來認識周人天命思想的內容。周人的天命思想在《詩經》及《尚書》中多有所見，而《詩經・大雅・文王》一詩的內容可說是總結了周人天命思想的精神，其內容如下：

> 文王在上，於昭於天！周雖舊邦，其命維新。有周不顯，帝命不時！文王陟降，在帝左右。亹亹文王，令聞不已。陳錫哉周，侯文王孫子。文王孫子，本支百世。凡周之士，不顯亦世。世之不顯，厥猶翼翼。思皇多士，生此王國，王國克生，維周之楨。濟濟多士，文王以寧。穆穆文王，於緝熙敬止！假哉天命，有商孫子。商之孫子，其麗不億。上帝既命，侯于周服。侯服于周，天命靡常。殷士膚敏，祼將于京。厥作祼將，常服黼冔。王之藎臣，無念爾祖！無念爾祖，聿脩厥德。永言配命，自求多福。殷之未喪師，克配上帝。宜鑒于殷，駿命不易！命之不易，無遏爾躬。宣昭義問，有虞殷自天。上天之載，無聲無臭。儀刑文王，萬邦作孚。〔註 108〕

〈文王〉爲周初的作品，〔註 109〕從周人在詩篇裡追頌文王的內容中，可看出周人天命思想的三個特點：第一、君權是來自於上帝的眷顧、佑助的，即所謂的「受命」，如詩中的「有周不顯，帝命不時」、「假哉天命，有商孫子」、「上

〔註 107〕晁福林，〈試論西周分封制的若干問題〉，頁 755。
〔註 108〕《詩經・大雅・文王》，《十三經注疏》本，頁 533～537。
〔註 109〕見屈萬里，《詩經詮釋・大雅・文王》，頁 452。

帝既命，侯于周服」等均透露了這樣的訊息。〔註 110〕第二、天命是無常的，非永久的，如詩中的「侯服于周，天命靡常」、「永言配命，自求多福」等，周人從殷周王權遞嬗的歷史經驗中，體會到了「天命靡常」的道理，即詩中的「宜鑒于殷，駿命不易」。第三、天命既然無常，要如何才能永保呢？如詩中所言：「無念爾祖，聿脩厥德」，「脩德」當是維持天命不墜的不二法門，因此若能「儀刑文王」即能「萬邦作孚」。

根據以上周人天命思想的三個特點，吾人可以之來考察殷周天命觀的因革關係。

首先，就「君權得自上帝佑助」的觀念而言，周人是否承襲自殷人？從《墨子》一書中的記載，可見端倪：

> 於太誓曰：「紂夷處，不肯事上帝鬼神，禍厥先神禔不祀，乃曰吾民有命，無廖排漏，天亦縱棄之而弗葆。」此言武王所以非紂執有命也。〔註 111〕
>
> 先王之書太誓之言然曰：「紂夷之居，而不肯事上帝，棄厥其先神而不祀也。曰：『我民有命，毋僇其務。』天不亦棄縱而不葆。」此言紂之執有命也，武王以太誓非之。〔註 112〕
>
> 太誓之言也，於去發曰：「惡乎君子？天有顯德，其行甚章，爲鑑不遠，在彼殷王。謂人有命，謂敬不可行，謂祭無益，謂暴無傷。上

〔註 110〕關於周人的「天」與「帝」的關係，歷來學者的論點不一，如有謂：「周代思想中的『天』是對以至上神上帝爲首、包括祖先神和其他神靈組成的天國世界的概稱。」（見張榮明，《殷周政治與宗教》，五南，台北，民國 86 年，頁 44。）亦有學者主張：「帝、天爲一神，周朝多用『天』的神稱來表示至上神，有時也沿用上帝舊稱，來表示至上神。」或謂：「帝、天爲二神，周人原有自己的天、帝崇拜觀念，天與上帝是兩種既有同一性又有差別的人格化的天神。」（見杜勇，《《尚書》周初八誥研究》，頁 205～206。）綜合以上來看，個人以爲當分兩個部分來討論：第一、「天」的含義當有兩個層次，一指「天國世界」，一指「至上神」，蓋古人用字不如今人般的分化、精確，因此同一字在不同的行文中當有不同之意涵，就以〈文王〉爲例，「文王在上，於昭於天」的「天」即可釋爲「天國世界」；「假哉天命，有商孫子」的「天」即可視爲「至上神」。第二、若當「天」爲「至上神」之意時，則「天」與「帝」則爲同義而異名，如「帝命不時」及「假哉天命」中的「帝」及「天」即可同做「至上神」之解。因此，如學者所言：「在周人的宗教觀念中，帝、天乃一神之異名，實無實質的分別。」（見杜勇，《《尚書》周初八誥研究》，頁 206。）

〔註 111〕《墨子・非命上》，《新編諸子集成》本，世界，台北，民國 80 年，頁 168。

〔註 112〕《墨子・非命中》，《新編諸子集成》本，頁 171。

帝不常，九有以亡，上帝不順，祝降其喪，惟我有周，受之大帝。」

昔紂執有命而行，武王爲太誓去發以非之。〔註113〕

在《墨子・非命》三篇中，記載了紂王自謂「吾民有命」等「受有天命」的主張而遭到武王的非難，由此來看殷人似乎已有「君權神授」的看法。此外，「殷人既崇奉上帝，上帝雖尚未完全人格化，但上帝擁有很大的權威，能號令天上人間，就應該具有某種程度的意志力，甚至也應有『天命』的思想產生。氏族部落時代，每個氏族都有保護神，以保護氏族部落的存在安危，殷人既以上帝爲最高神，亦應擁有『天意』的功能，否則周人對殷頑民大談天命，殷人如何聽得懂呢？」〔註114〕

由此觀之，周人天命思想中的「受命」說當亦承襲自殷人。「君權神授的觀念自古有之，周人亦不例外，他們需要用君權神授的觀念證明自己統治的正當性，他們也不會擺脫這種君權神授的觀念，所以他們仍然相信這種觀念，而不是只用來欺嚇被統治者。」〔註115〕因此，我們應當有理由相信殷周的「受命」說是有其傳承的關係。

〔註113〕《墨子・非命下》，《新編諸子集成》本，頁174～175。

〔註114〕梁國眞，〈試論商代宗教信仰型態的演變〉，《中國歷史學會史學集刊》第三十期，中國歷史學會，台北，民國87年10月，頁14。不過陳夢家卻認爲：「『天』之觀念是周人提出來的」，「由天之觀念的發生，而有『天命』、『天子』，它們之興起約在西周初期稍晚時。」（見陳夢家，《殷虛卜辭綜述》，大通書局，台北，民國60年，頁581。）然個人以爲，殷人雖沒有「天」的觀念，但不可因此而謂其沒有「天命」觀，蓋殷人「天」與「帝」的觀念是相通的，晁福林即謂：「殷代『天』的概念實際上是以帝來表達的」。（見氏著，〈論殷代神權〉，《中國社會科學》1990年第一期，中國社會科學出版社，北京，1990年，頁111。）因此殷代的「帝」既有如周人「天」的涵意，而卜辭中有「帝令」之辭，且出現多次與「帝令」有關之句，如「帝令雨足年」、「隹帝令乍我禍」等，例多，不盡舉。（詳見陳夢家，《殷虛卜辭綜述》「上帝的權威」一節，頁562～571。）卜辭之「令」字可解爲：「古人振鐸以發號令，從卩乃以跪跽之人表受命之意。」其義可釋爲：「發號令使有所爲也」「（徐中舒，《甲骨文字典》，四川辭書出版社，成都，1998年，頁1000、1001。）又「甲骨文命、令一字」（同上，頁89。）因此，則周人「天命」一辭，以卜辭來說即爲「帝令」（或「帝命」），而〈文王〉一詩中亦有「帝命不時」之句，「帝命」一詞或許承襲自殷人也說不定。因此從殷人「帝令」一辭的線索來看，雖在卜辭中不見直接有「君權神授」意涵之句，但從帝可管商王之行動來看（見陳夢家，《殷虛卜辭綜述》，頁571。），則周人之「天命」觀應當是其來有自。

〔註115〕陳來，《古代宗教與倫理——儒家思想的根源》，頁176。

其次，就「天命靡常」說來看，此爲周人與殷人不同之處，如《尚書・西伯戡黎》中，紂王即曾謂：「我生不有命在天」〔註116〕（同前引《墨子・非命》中之說）殷人認爲無論其作爲如何都會得自上天的庇佑，這與周人「永言配命，自求多福」的觀念有很大的不同。

最後，周人雖認爲「天命靡常」，「但周人又認爲，天命的轉移並不是任意的，而是以一定的理性原則爲依據的，這就是『皇天無親，唯德是輔』，是可謂天命有常。周人的天命思想就是這種無常與有常的統一。」〔註117〕因此周人總結了殷人的歷史經驗，遂有了「敬德」〔註118〕、「保民」〔註119〕的主張，而產生了與殷人不同的統治文化，即如《禮記・表記》中所言：

> 殷人尊神，率民以事神，先鬼而後禮，先罰而後賞，尊而不親；其民之敝：蕩而不靜，勝而無恥。周人尊禮尚施，事鬼敬神而遠之，近人而忠焉，其賞罰用爵列，親而不尊；其民之敝：利而巧，文而不慚，賊而蔽。〔註120〕

因此，周人的天命思想中已發展出相當理性的成分，「表明周人神權意識的減弱，初步認識到人在歷史中可以取得某種程度的自主的地位」，〔註121〕而這也是周人與殷人天命思想最根本的差異。

總結以上的論述，殷周天命思想的變化所帶來的歷史意義，即如當今學者所言：

> 商周世界觀的根本區別，是商人對「帝」或「天」的信仰中並無倫理的內容在其中，總體上還不能達到倫理宗教的水平。而周人的理解中，「天」與「天命」已經有了確定的道德內涵，這種道德內涵是以「敬德」和「保民」爲主要特徵的。天的神性的漸趨淡化和「人」與「民」的相對於神的地位的上升，是周代思想發展的方向。〔註122〕

〔註116〕《尚書・西伯戡黎》，《十三經注疏》本，頁145。
〔註117〕杜勇，《《尚書》周初八誥研究》，頁216。
〔註118〕如〈召誥〉：「惟不敬德，乃早墜厥命。」《尚書・召誥》，《十三經注疏》本，頁222。《尚書》中類此思想尚多，不盡舉。
〔註119〕如〈康誥〉中周公即告誡康叔曰：「用康保民，弘于天，若德裕有身，不廢在王命。」《尚書・康誥》，《十三經注疏》本，頁201。類此「保民」的思想，亦可見於《尚書》的其它地方，於此不在贅舉。
〔註120〕《禮記・檀弓上》，《十三經注疏》本，頁915～916。
〔註121〕杜勇，《《尚書》周初八誥研究》，頁220。
〔註122〕陳來，《古代宗教與倫理——儒家思想的根源》，頁168。

（二）「敬德保民」觀

「敬德保民」的思想雖是從周人「天命靡常」說所發展出來的一種主張，但由此卻也反映了「周人的天命觀是天命可察論，或者叫做天命有常論」，「天命取捨以民情爲轉移」，〔註 123〕而這也正是殷周天命思想在本質上的不同。不過，「有理由認爲，敬德和保民的思想在西周以前已有萌芽，從周公引用的古人言來看，有些觀念甚至來源古遠，在這個意義上，可以說周公是上古思想得第一次集大成者。」〔註 124〕

關於周人「敬」的觀念的出現及意義，徐復觀有非常精闢的見解：

> 在憂患意識躍動之下，人的信心的根據，漸由神而轉移向自己本身行爲的謹慎與努力。這種謹慎與努力，在周初是表現在「敬」、「敬德」、「明德」等觀念裏面。尤其是一個敬字，實貫穿於周初人的一切生活之中，這是直承憂患意識的警惕性而來的精神斂抑、集中，及對事的謹愼、認眞的心理狀態。這是人在時時反省自己的行爲，規整自己的行爲的心理狀態。周初所強調的敬的觀念，與宗教的虔敬，近似而實不同。宗教的虔敬，是人把自己的主體性消解掉，將自己投擲於神的面前而澈底皈歸於神的心理狀態。周初所強調的敬，是人的精神，由散慢而集中，並消解自己的官能欲望於自己所負的責任之前，凸顯出自己主體的積極性與理性作用。敬字的原來意義，只是對於外來侵害的警戒，這是被動的直接反應的心理狀態。周初所提出的敬的觀念，則是主動的，反省的，因而是內發的心理狀態。這正是自覺的心理狀態，與被動的警戒心理有很大的分別。〔註 125〕

從徐復觀對「敬」的觀念的闡述，可看出周人已出現從「神本」走向「人本」的自主意識，「人」成了命運的主體，並不是消極被動地接受「神」的支配，是具有「主動的」、「反省的」能力，因此反映在政治上，「神權」不再是維持權勢的根本依歸，唯有「敬德保民」才是維持天命不墜的根本，即「皇天無親，惟德是輔；民心無常，惟惠之懷」〔註 126〕之謂也。

關於周人「德」的觀念當非一時之間所產生的理念，〔註 127〕「有關道德

〔註 123〕王德培，《西周封建制考實》，光明日報出版社，北京，1998 年，頁 70、71。

〔註 124〕陳來，《古代宗教與倫理——儒家思想的根源》，頁 191。

〔註 125〕徐復觀，《中國人性論史——先秦篇》，臺灣商務，台北，1994 年，頁 22。

〔註 126〕《尚書・蔡仲之命》，《十三經注疏》本，頁 254。

〔註 127〕雖然有些學者主張殷人已存有「德」的觀念，但許多學者贊成郭沫若等人看

理念，在原始社會中已經存在，道德規範被納於鬼神崇拜之中，酋長愛護氏族成員是理所當然的，鬼神更是氏族中道德規範的監督者。從原始時代到商代，已經歷相當長的一段時間，德的觀念應有進一步的發展。」〔註128〕因此，「德」的含義，若從歷史的流變來看，「在先秦大體上經歷了原始社會的圖騰概念，殷商時的上帝崇拜，西周的周王政行懿德，春秋時的倫理道德這樣幾個階段。」〔註129〕

殷周時期「德」內涵的不同在於「殷人的徝是把眼光集中到至上神身上，而西周的德則把眼光更傾注於民，敬天尤須保民。西周雖然沒有完全擺脫神權統治，但周人把眼光由上向下的轉移，說明周人的『德』宗教觀念的淡化，世俗觀念的增強。」〔註130〕而這也正是殷周時期「德」的概念在本質上的不同處，即前者的「徝」，「是殷王須遵從上帝的旨意，行事之義」，〔註131〕具有相當濃厚的宗教性色彩，而後者的「德」，則是針對周王的「政行懿德」而言，已具有世俗性的色彩。因此周人德字之含意即如徐復觀所言：

> 周初文獻的「德」字，都指的是具體的行爲；若字形從直從心爲可靠，則其原義亦僅能是直心而行的負責任的行爲；作爲負責任行爲的悳，開始並不帶有好或壞的意思，所以有的是「吉德」，有的是「凶德」；而周初文獻中，只有在悳字上面加上一個「敬」字或「明」字時，才表示是好的意思。後來乃演進而爲好的行爲。因好的行爲多是與人以好處，乃引申而爲恩惠之德。好的行爲係出於人之心，於是外在的行爲，進而內在化爲人的心的作用，遂由「德行」之德，發展成爲「德性」之德。〔註132〕

如上所述，可知「德」的思想在西周已轉化成爲約束周王言行的道德指標，也唯有行「德政」才能擁有天命，因此《詩經・文王》中即有「儀刑文王，萬邦作孚」，「文王」成爲王室子孫行德的典範，而這也反映出周人「德治」思想世俗化的一面。

法，認爲「德」的觀念自周以後才有。引自梁國眞，〈試論商代宗教信仰型態的演變〉，頁14。

〔註128〕梁國眞，〈試論商代宗教信仰型態的演變〉，頁15。

〔註129〕巴新生，《西周倫理形態研究》，天津古籍出版社，天津，1997年，頁35。

〔註130〕同上書，頁36。

〔註131〕同上註。

〔註132〕徐復觀，《中國人性論史——先秦篇》，頁23。

最後就「民」的意義來看，王德培結合文字學與古籍的資料並與「德」字作一比較來，對「民」字的意涵有獨到的見解：

> 金文從目之字，往往有「視」義，如省、相、見、監等字。《說文》德字從直從心，謂「直，正見也，從十、目、乚。」，但盂鼎德字心上只作目上一豎，不從十、乚。這當是直字初文。蓋會意目前有物，正視之則得「直」義。何尊民字作目下一豎，也當有視物之義。如果考之文獻，則孟子所引古〈泰誓〉「天視自我民視」可以相合了。天在上，民在下，所以目在上，豎在下，略似「直」字倒置。由此我們知道民字不可解爲「盲一物以爲奴征」。〈呂刑〉:「王曰：嗚呼！敬哉！官伯族姓，朕言多懼，朕敬於刑，有德惟刑。今天相民，作配在下。」〈爾雅・釋詁〉:「相，視也。」「今天相民」，即今天視民也。民字之所以爲民，取意「天之所視」也。天爲什麼視民，考察明德之有無也。民非奴隸於金文亦可證實。〔註 133〕

王德培認爲「民」有視物之意，「民字之所以爲民，取意『天之所視』也」，這樣的看法可說是充分反映了周人「敬德保民」思想的精神，強調了「民」的地位的重要性。因此，「把天、德、民聯係起來加以認識，是周人在宗教觀、天命觀方面的一大發明，也是使其理性化，世俗化的重要途徑。」〔註 134〕

從以上有關周人「敬」、「德」、「民」等意涵之詮釋，吾人可瞭解到「敬德保民」思想所具有之意義：第一、從「敬德」的意涵中，可以看出周人不斷強調「君德」之重要性，這是一種對統治階級的要求，同時也將殷人「神權化」的統治模式轉化爲「世俗化」的模式，文王等先王則成了儀刑的典範，而「知小民之依」、「明德愼罰」、「君子所其無逸」、「立政其惟克用常人」等則成爲周王實踐「敬德」的內容，〔註 135〕這些均「表明周人神權意識的減弱，初步認識到人在歷史中可以取得某種程度的自主的地位。」〔註 136〕而這也正是「敬德」天命觀所具有的歷史意義。第二、就「保民」的意涵而言，則是提高了人民的地位，強調對百姓的尊重，「在這樣一種思想和信念中，在上天面前，人民與君主是不平等的，人民對君主具有優先性和重要性」，而這也正

〔註 133〕王德培，《西周封建制考實》，頁 154。
〔註 134〕巴新生，《西周倫理形態研究》，頁 32。
〔註 135〕杜勇，《《尚書》周初八誥研究》，頁 218～220。
〔註 136〕同上書，頁 220。

是「保民」意涵之精髓。因此，周人「敬德保民」的天命觀可說是反映了「民貴君輕」的精神，而這也正是中國政治思想發展史上一個具有重大而深刻意義的關鍵性轉變。

總結以上殷周在制度及思想方面的因革損益來看，我們可以說：「周的文化，最初只是殷帝國文化中的一支；滅殷以後，在文化制度上的成就，乃是繼承殷文化之流而向前發展的結果。殷周文化，不應當看作是兩支平行的不同系統的文化。」〔註 137〕

第二節　周人「文化殖民」之意涵與作用

眾所周知，西周是封建體制的政治形態，而對於周人封建制的性質與作用，錢穆在《國史大綱》中有相當精闢的看法：

> 西周的封建，乃是一種侵略性的武裝移民，與軍事佔領。與後世統一政府只以封建制爲一種政區與政權之分割者絕然不同。因此在封建制度的後面，需要一種不斷的武力貫徹。周人立國，是一個坐西朝東的形勢。其國力的移動，大勢可分兩道。第一道由陝西出潼關，向河洛，達東都，經營黃河下流，此武王伐殷，周公東征之一線。第二道由陝西出武關，向江漢，經營南陽南郡一帶，以及淮域，此文王化行南國之一線。……周人勢力不斷向此兩路線展擴，而周人之封建事業亦遂不斷推進。……蓋封建即是周人之一種建國工作，不斷向東方各重要地點武裝移民，武裝墾殖，而周代的國家亦不斷的擴大與充實。〔註 138〕

錢穆認爲周人的封建是「武裝移民與軍事佔領」，且「相應於周人此種軍事政治之推進者，則尚有其宗法制度。必三者並觀，乃可以明瞭當時之所謂封建。」〔註 139〕而杜正勝則根據錢穆的「武裝移民」說提出了以下的補充：

> 周公鎭服東方的策略是建立四箇據點三道戰線，以天下樞紐的成周爲東進的大本營，以大小東的尾閭衛爲支援東進的補給站，以東人

〔註 137〕徐復觀，《中國人性論史——先秦篇》，頁 17。
〔註 138〕錢穆，《國史大綱》，頁 30～31。
〔註 139〕同上書，頁 31。

舊地的齊魯爲東進的前哨，輔以梁山和郾城，於是小東、大東都在囊括之内，又可以北上燕冀，南下徐淮江漢。第一線是齊魯，第二線是朝歌，第三線是成周，魚次捍衛宗周。〔註 140〕

錢穆之說經過杜氏的補充以後，充分說明了周人武裝殖民的封建性質。除了錢穆所提的「兩道國力的擴展線」爲周人武裝拓殖的目標外，再加上杜先生所謂的周公建立了「四箇據點三道戰線」以魚次捍衛宗周之論，似乎可見到周人是以軍事及戰略手段以達到其擴展勢力鞏固政權的目的，因此總結前面的論述，「論者通常說的周人『封建』，本質上正是武裝殖民，而殖民的基礎則在氏族宗法。」〔註 141〕從錢、杜二氏之說來看，則周人是藉著以宗法爲基礎的武裝殖民封建的手段，而得以捍衛宗周並擴展其勢力。不過，細究二氏之說卻有兩個問題待解：其一，周人雖以「馬上得天下」，但若以「馬上治天下」焉能而得國祚近三百年（若含東周則近八百年）？所謂「武裝殖民」的封建本質，似乎不能充分說明這種現象，證諸歷史的發展經驗，單靠「軍事」的手段是很難維持一個王朝長治久安的，這種例子在古今中外的歷史經驗中比比皆是，武裝力量只能做爲維繫政權的最終手段及後盾，畢竟武力是無法永久征服人心的。因此，做爲西周政體的封建制度，若僅以「武裝殖民」來詮釋其封建的本質似乎仍有不夠周延之處。其二，論者謂武裝殖民封建制的基礎爲氏族宗法，然而這樣的說法似乎是沒有弄清西周封建體制的全貌的，因此，除了上述所謂的「武裝殖民」、「封建制度」以及「氏族宗法」等，有必要將前節所述及制度及思想的部份一起整合起來做全面的思考，如此才能夠對西周的封建性質有一番透徹的認識。

一、西周封建之雙重性質

周人以「小邦周」的身份而征服殷人，而「周民族的文化較商爲低，似是事實」，〔註 142〕因此，周人面對克殷及東征後的新局，遂實行封建制以穩固其政權。「周初實行封建制度之原因，一方面或係承繼岐周與商之舊法，一方面殆亦以幅員之廣闊，交通之不便，新經克服氏族統制之不易，與夫當時政

〔註 140〕杜正勝，〈周代封建的建立〉，頁 490。

〔註 141〕杜正勝，〈周代的武裝殖民與邦國 —— 周代城邦的社會基礎之一〉，《大陸雜誌》第四十九卷第六期，大陸雜誌社，台北，民國 63 年 12 月，頁 6。

〔註 142〕余永梁，〈易卦爻辭的時代及其作者〉，《古史辨》第三冊，藍燈，台北，民國 82 年，頁 144。

治組織之簡單，具非中央集權制度之所可應付。同時周之剪殷，亦非一時之功。商雖亡於牧野一戰，然商之屬國與國，固依然存在也。」〔註 143〕周初實行封建制蓋有其時空背景的考量，除了以武裝力量爲後盾並實施戰略佈署以箝制被征服的封國外，同時亦將「因於殷禮」的周文透過封建的方式傳佈到各封國並且因地制宜加以施行，以「懷柔」的手段達到長治久安的目的。因此西周的封建體制在本質上即具有「武裝殖民」及「文化殖民」的雙重性質。如此，便可以較爲圓滿的解釋何以周人的封建體制可以讓西周王朝維持近三百年之久。

何以說西周封建具有「文化殖民」的性質？從以下兩個部份來看當可見其端倪。

就周王的作爲來看：從《尚書・牧誓》篇中，武王以紂王不祀做爲伐紂的訴求之一：「昏棄厥肆祀，弗荅」。〔註 144〕另外在《尚書・多方》篇中，周公踐奄歸來給東方諸國及殷遺的誥辭中亦有譴責其「不祀」之語：「洪惟圖天之命，弗永寅念于祀。」〔註 145〕從這兩個例子來看，作爲當時國之大事的祭祀活動，不只是一種純粹的文化象徵，更含有政治性的作用。因此，在位者若能善用「文化因素」做爲統治的一種手段，是可以帶來相當的政治效用的。

在《尚書・梓材》篇中周公、召公告誡成王：「先王既勤用明德，懷爲夾，庶邦享作，兄弟方來」〔註 146〕從先王「懷爲夾」一語來看，周人當早已懂得用懷柔之法來治理諸侯以夾輔周室的道理。

在《尚書・康誥》篇中，周公反覆告誡康叔就衛國後當如何以剛柔並濟的方法來治理殷遺。例如在治國的理念上，周公告誡康叔「克明德愼罰」、「用康保民」、「惟命不于常」的道理，〔註 147〕這些均反映了周人所特有的「天命思想」的精神。又如在刑罰方面，對於有罪之人當行殷人合理的法律以刑殺：「外事，汝陳時臬司，師茲殷法有倫」；〔註 148〕而對於「不孝不友」之人則行周人之法以懲處：「曰乃其速由文王作罰，刑茲無赦。」〔註 149〕因此從〈康誥〉

〔註 143〕齊思和，〈封建制度與儒家思想〉，頁 180。
〔註 144〕《尚書・牧誓》，《十三經注疏》本，頁 159。
〔註 145〕《尚書・多方》，《十三經注疏》本，頁 255。
〔註 146〕《尚書・梓材》，《十三經注疏》本，頁 213。
〔註 147〕《尚書・康誥》，《十三經注疏》本，頁 201、206。
〔註 148〕同上，頁 203。
〔註 149〕同上，頁 204。

的內容來看，周人是採取了融合「周文」與地方特性的因地制宜的懷柔手段來治理殷遺的，而這種模式當也被用來治理其他的封國。

《竹書紀年》載：「晉侯作宮而美，康王使讓之。」〔註 150〕此事大概因為晉侯宮室的規制逾越了周人的禮法，因而受到了周王的責難。據《周禮・春官・典命》所載可以看出，當時的禮制規範是有其尊卑貴賤的等級之分：

> 上公九命爲伯，其國家、宮室、車旗、衣服、禮儀皆以九爲節。侯伯七命，其國家、宮室、車旗、衣服、禮儀皆以七爲節。子男五命，其國家、宮室、車旗、衣服、禮儀皆以五爲節。〔註 151〕

由上述諸侯間「命數」之不同而反映在國家、宮室、車旗、衣服、禮儀等「節數」之別，可以看出即使是「作宮」也當遵循禮制的。因此，以當時晉國身爲「侯」爵的地位，〔註 152〕其宮室的規制可能已逾越諸侯間的等級規範，抑或逾越了天子、諸侯間的君臣規範，由此而招致了康王的干預。

此事反映出，晉國雖位在偏遠的夏墟而有「因地制宜」之便，但也得遵從周人講求尊卑貴賤的禮制精神，以「周禮」做爲治國的張本，且將之落實在封國的體制之中，從而建立起封建體制之倫理秩序，以維持周王可長可久的「獨尊」地位。

再就封國的作爲來看：《史記・魯周公世家》中載有伯禽就魯國後，「變其俗，革其禮，喪三年然後除之」；而太公就齊國後則「簡其君臣禮，從其俗爲也」。〔註 153〕又《左傳・定公四年》中祝佗曾謂魯、衛等國「皆啓以商政，疆以周索」，而晉則「啓以夏政，疆以戎索」。〔註 154〕從以上的記載來看，「周初統制各封國的既定政策實可總分爲兩種類型或模式：一是在原商王朝統治的中心區域『啓以商政，疆以周索』；一是在邊遠地區因地制宜，各啓以當地習用之政而疆以『戎索』、『夷索』或『蠻索』。魯、衛屬前者，晉、齊、楚等屬後者。」〔註 155〕如前所論，若以治理模式來論，如此便出現了兩種不同的文化類型，今以齊、魯兩國爲例，「就魯國言，其文化是平原型的，經濟基礎在農耕，政治制度繫於宗

〔註 150〕王國維，《古本竹書紀年輯校》，收於《竹書紀年八種》，頁 230。
〔註 151〕《周禮・春官・典命》，《十三經注疏》本，藝文，台北，民國 86 年，頁 321。
〔註 152〕見陳槃，〈列國簡考〉，頁 211。
〔註 153〕《史記・魯周公世家》，頁 1524。
〔註 154〕《春秋左傳・定公四年》，《十三經注疏》本，頁 948、949。
〔註 155〕張富祥，〈周初齊魯兩條文化路線問題〉，《山東師大學報（社會科學版）》總第一五一期，山東師範大學，濟南，1997 年 3 月，頁 33。

法，統治者自始至終以推行和強化『周禮』爲要務，核心是『親親上（尚）恩』，故其演進路線以『以夏變夷』爲主導方向。就齊國言，其文化是海原型的，經濟基礎以農耕、工商、魚鹽等互補，無論上層社會還是民間的宗法觀念都相當淡薄，統治者治國亦不拘於一定之規，常以『尊賢尚功』爲首務，故其演進路線指向『夷夏親合』，既不厭『戎狄』，又親暱『諸夏』。」〔註 156〕不過，這是就「比較文化學」的角度來看，這兩種文化類型當視爲是在「周文化」的大氛圍下，因各封國統治文化的差異下所形成的地方性特色，「『周禮』的傳播是大氣候，齊文化自然不可能不受到它的影響；反過來說，魯文化也並非自周初以來就一直照搬周人在西部地區時的模式，它事實上也吸收和包含了很多舊有的或新起的東夷文化因素。」〔註 157〕因此，這些屬於周室「親戚」的封國雖採取了「因地制宜」的措施，不過仍應將這些封國視爲周文化的延伸之地，周文化對於封國的影響力仍是相當大的。

綜合以上兩部份的論述可以看出周人實已具有相當高的政治智慧，從周王及諸侯的作爲來看，其實西周的封建已具有「文化殖民」的特性，封建與「文化殖民」可說是互爲表裡，雖說先周時期的「小邦周」在文化上較殷人爲低，但隨著其勢力的擴充，在「武王伐紂以後，西周文化繼承了殷商文化的一緒，同時也將他們的固有文化加入了中原文化的主流。」〔註 158〕而在此時，孕育於商朝的制度、思想亦隨著社會及時代的變遷而逐漸地發展成熟，在「周監於二代」的因革損益下，周文化已有了嶄新的面貌，所謂「周雖舊邦，其命維新」是也。而周人在建國後亦曾以「夏」自居，如《尚書・康誥》中即有：「用肇造我區夏」〔註 159〕之語，「小邦周」儼然已成爲中原地區主流文化的代表。因此，建國後居於少數人口的周人即透過封建的形式，以親戚、功臣等封國爲主力，分封到當時周人尚未能完全控制的地區，除了借助他們與周室的密切關係以屏蕃周室外，同時也將周文建制深耕到地方去，藉此以達到「文化殖民」的目的進而鞏固周人的政權。如《尚書・康誥》中周公告誡康叔之語即透露了這樣的訊息：

> 汝惟小子，乃服惟弘王，應保殷民；亦惟助王宅天命，作新民。〔註 160〕

〔註 156〕同上，頁 36。

〔註 157〕同上註。

〔註 158〕張光直，〈殷周關係的再檢討〉，頁 118。

〔註 159〕《尚書・康誥》，《十三經注疏》本，頁 201。

〔註 160〕同上，頁 202。

康叔爲周公弟，周公勉勵康叔除了要「保殷民」外，更要幫助周王順應天命，讓殷人成爲「新民」。「作新民」之意據僞《孔傳》注：「爲民日新之教」，〔註161〕因此其教化的內容當包含了周文化的成分在其中，如此也才能讓殷人眞正地改頭換面成爲周人的「新民」而「助王宅天命」。

此外，對於子姓、嬴姓、偃姓等舊有封國又是如何進行其「文化殖民」的？首先，對於部份封國當選建「獻民」爲新諸侯。以殷遺爲例，當時東方三監之亂剛平定，因此在《尚書．洛誥》中周公勉勵成王之語即有：「孺子來相宅，其大惇典殷獻民，亂爲四方新辟」。〔註162〕句中周公勉勵成王當引用殷遺中賢明之人以爲四方的新諸侯，這些所謂的「獻民」當指能夠效忠周室並認同「周文」的賢明之人，從周公分殷六族予魯公一事即可反映這種情形。據《左傳．定公四年》祝佗之語：

> 殷民六族，條氏、徐氏、蕭氏、索氏、長勺氏、尾勺氏，使帥其宗氏，輯其分族，將其類醜，以法則周公，用即命于周。是使之職事于魯，以昭周公之明德。〔註163〕

當時這些殷民六族被授予魯時，即被要求「以法則周公，用即命于周」，這些應都是殷遺中之「順民」，如此也才能夠「職事于魯，以昭周公之明德」。所謂的「法則」、「明德」蓋都含有「周文化」的因素在其中。因此從這個例子可以看出，既然連封國所受之殷遺氏族都當「用即命于周」了，那所選拔出來成爲新諸侯的「殷獻民」更是無庸置疑，因此所謂「殷獻民」的對於周室的作用當如同「殷六族職事于魯」應該是很清楚的了。而對於殷遺的處理方式，當也是用來比照對待其他的舊封國，如嬴姓、偃姓等封國，但限於文獻的不足，今人已無從得窺其眞相了。不過，這種選建「獻民」爲新諸侯的方式，應是主要針對不順服周人的舊封國才是。

再者，以宣揚周人的「天命思想」及採取恩威並施的方式來進行「文化殖民」。以〈多方〉爲例，在此誥辭中周公以成王之命來告誡殷遺及東方諸國，其中有論及周人的天命思想：

> 誥爾多方，非天庸釋有夏，非天庸釋有殷，乃惟爾辟，以爾多方，

〔註161〕同上註。

〔註162〕《尚書．洛誥》，《十三經注疏》本，頁229。句中「獻」即賢也，「新辟」即新立之諸侯。見屈萬里，《尚書集釋》，頁187。

〔註163〕《春秋左傳．定公四年》，《十三經注疏》本，頁947。

大淫圖天之命，屑有辭。乃惟有夏，圖厥政，不集于享，天降時喪，有邦間之。乃惟爾商後王，逸厥逸，圖厥攻，不蠲烝；天惟降時喪。惟聖罔念作狂，惟狂克念作聖。天惟五年須暇之子孫，誕作民主；罔可念聽。天惟求爾多方，大動以威，開厥顧天。惟爾多方，罔堪顧之。惟我周王，靈承于旅，克堪用德，惟典神天。天惟式教我用休，簡畀殷命，尹爾多方。〔註 164〕

周公對殷遺及東方列國的諸侯大談天命觀，認爲夏、殷諸王因爲失德，不重視祭祀，不勤於政事而失去了天命，而周人卻能夠「靈承于旅，克堪用德，惟典神天」，因此能夠享有天命。透過天命思想的傳佈，亦是對這些封國進行「文化殖民」的一種方式。除了在〈多方〉中可見懷柔安撫的措施外，如賞賜或任命爲朝廷的高官：

我有周惟其大介賚爾，迪簡在王庭，尚爾事，有服在大僚。〔註 165〕

另外在〈多方〉中亦告誡殷遺及東方諸國的官員們，當遵從周王之命，否則將被誅殺或流放遠方：

乃有不用我降爾命，我乃其大罰殛之。……

嗚呼！多士！爾不克勸忱我命，爾亦則惟不克享，凡民惟曰不享。爾乃惟逸惟頗，大遠王命，則惟爾多方探天之威，我則致天之罰，離逖爾土。〔註 166〕

由於〈多方〉係針對三監之亂所在地區的殷遺及東方諸國而發佈的，因此透過這樣的誥令，除了有意以恩威並施的手段使其不再爲亂外，而同時亦有助於此後周制的推行，進而鞏固周人的統治地位。

因此，以〈洛誥〉、〈多方〉爲例可以看出，周人對於舊封國所採行「文化殖民」的方式，除了可能對不順服的封國選建「獻民」爲新諸侯外，同時並宣揚周人的「天命思想」，並以恩威並施的方式以推行周王的政令，當然這些「王命」之中亦當含有「周文」的內容在其中，如此也才能使這些被統治者成爲周人眞正的「新民」。

是故，在周人不斷地「武裝殖民」擴展下，「文化殖民」也正隨著封建的力量同時進行著，這些姬姓及姻親功臣之國不僅是位於具有軍事作用的交通

〔註 164〕《尚書・多方》，《十三經注疏》本，頁 256～257。

〔註 165〕同上，頁 259。

〔註 166〕《尚書・多方》，《十三經注疏》本，頁 258、259。

戰略要地，更是推展「周文」的重要據點，再加上爲周王所承認的原有封國，這些有如滿天繁星的封國將周文化的版圖由點進而發展成面，「周文化也隨著移民遷延性地擴散到了廣闊的空間。」〔註 167〕由此來看，周人的封建實具有「武裝殖民」及「文化殖民」的雙重性質是很明顯的了。

二、周人「文化殖民」之意義與要素

周人的「文化殖民」當植基於周公的「制禮作樂」，在其「制禮作樂」的過程中，同時也充實了「周文化」的內涵。而隨著成、康時代大規模的封建，周室的親戚及功臣們透過儀式化的分封，以及對於舊有封國儀式化的承認下，這些封國有如種子般地分佈到周人勢力所達的地區，尤其是新征服之地，透過「文化」力量的懷柔方式，在「周文化」的大氛圍下，諸國採取「因地制宜」的治理模式，讓這些地方的人們逐漸地習慣並接受周人的統治，使其能夠成爲周王朝眞正的「新民」，即《詩經・小雅・北山》：「溥天之下，莫非王土；率土之濱，莫非王臣」之謂也，而這也就是「文化殖民」之意涵，也是周代封建所具有的文化特性。

關於周公「制禮作樂」之事，見於《左傳・文公十八年》魯國季文子所說的話：

> 先君周公制周禮曰：「則以觀德，德以處事，事以度功，功以食民。」〔註 168〕

另外從《尚書・洛誥》中成王在雒邑回鎬京之前叮囑周公要安定好時局之語亦可見這樣的訊息：

> 王曰：「公！予小子其退即辟于周，命公後。四方迪亂未定，于宗禮亦未克敉公功。迪將其後，監我士、師、工；誕保文武受民，亂爲四輔。」〔註 169〕

從成王之語來看，當時雖天下甫定，不過「于宗禮亦未克敉公功」；「宗禮」者，「隆重祭祀之禮也」。〔註 170〕由此可見，「蓋此時周公制禮，尚未完成」，〔註 171〕故成王遂有此語，並希望周公好好地輔佐他，安定先王所留下的人民。

〔註 167〕龐德謙，〈試析西周文化的生態基礎〉，《西周史論文集（上）》，頁 622。
〔註 168〕《春秋左傳・文公十八年》，《十三經注疏》本，頁 352。
〔註 169〕《尚書・洛誥》，《十三經注疏》本，頁 229。
〔註 170〕屈萬里，《尚書集釋》，頁 185。
〔註 171〕同上書，頁 186。

從這些跡象來看，當可證明周公是有制禮作樂的。另外，就銘文與文獻比較來看，「在〈何尊〉銘文中，有『唯王五祀』的記載。這『五祀』，應是成王繼位的五年，也是周初遷都洛邑成周的一年，正與《尚書大傳》所記『五年營成周』是相符合的。……從以上〈何尊〉銘文可以證實《尚書大傳》所記的可靠性，因此《禮記・明堂篇》曰：『武王崩，成王幼弱，周公踐天子之位以治天下。六年，朝諸侯于明堂，制禮作樂，頒度量，而天下大服。』也應是眞實的記載。它說明周公『制禮作樂』，應是在繼平定武庚管蔡的叛變，分封齊、魯、衛等諸侯，實行宗法制度，營建東都成周之後，由於周初政治統治形勢的需要而產生的，是當時歷史發展的必然。」〔註172〕

不過，顧頡剛認爲後人對周公制禮的內容有過度誇大之嫌，他說：

> 「周公制禮」這件事是應該肯定的，因爲在開國的時候哪能不定出許多的制度和儀節來；周公是那時的行政首長，就是政府部門的的共同工作也得歸功於他。即使他採用了殷禮，也必然經過一番選擇，不會無條件地接受，所以孔子說：「周因於殷禮，所損益可知也」（《論語・爲政》）。既然有損有益，就必定有創造的成分在內，所以未嘗不可說是周公所制。不過一件事情經過了長期的傳說，往往變成了過份的誇大。周公制禮這件事常說在人們的口頭，就好像周代的一切制度和儀節都由他一手訂定，而周公所定的禮則是最高超的，因此在三千年來的封建社會裡，只有小修改而無大變化，甚至說男女婚姻制度也是由他所創立，那顯然違反了歷史的眞實。又周初的典籍除了幾篇《詩》、《書》之外，全已失傳，要在現存的古書裡找出周公制禮的證據，僅僅只有《左傳》一條，實在是絕大的缺憾，但我們決不能因爲憐惜它的缺憾而隨意用了穿鑿附會的方式來替它彌補。〔註173〕

顧頡剛肯定周公制禮一事是存在的，只是後人對其制禮的內容過度穿鑿附會。就這點來看，顧氏的看法是頗有見地的，是故「周禮的制定和完善『非一時一世而成』，而是經過數代人的孜孜以求地努力，周禮才達到『郁郁乎文哉』的水平。」〔註174〕而「文武康昭穆時期，正是戎馬倥傯的年代。因此，

〔註172〕陳昌遠，〈談「周公制禮作樂」〉，《西周史論文集（下）》，頁890。

〔註173〕顧頡剛，〈「周公制禮」的傳說和《周禮》一書的出現〉，收於《二十世紀中國禮學研究論集》，學苑出版社，北京，1998年，頁204。

〔註174〕詹子慶，〈周禮和西周社會〉，《西周史論文集（下）》，頁648。

那個階段的周禮，還處於草創階段，來不及充實完善。周公制禮，僅僅是『舉大綱』而已，不過它確確實實奠定了後來內容龐雜、體系周密的周禮的基礎。」〔註 175〕而從周公制禮樂的過程中，亦可看出「周禮」的特性。「周公制禮，一是參照古禮，『周監於二代』，『殷因於夏禮，所損益可知也；周因於殷禮，所損益可知也』，正是反映這種情況。《孟子・離婁下》記錄了周公這段經歷：『周公思兼三王，以施四事；其有不合者，仰而思之，夜以繼日，幸而得之，坐以待旦』，可見周公是怎樣苦心孤詣地完成這一項大業的。二是根據變化了的形勢，有所革新，體現其時代性。後人把這一原則稱之爲『禮從宜，使從俗』，周禮與殷禮不同之處是殷禮親親，周道尊尊。親親是指血緣關係，尊尊是指階級關係。周禮重階級關係，但他把階級關係和血緣關係聯繫到一起。因此，周禮的時代特徵集中體現爲當時日益嚴密的階級結構。」〔註 176〕

因此，周公時代的制禮作樂，可說是建立了周代禮制的基礎，但「到西周中期恭懿孝夷四世，各種典禮趨於完備。」〔註 177〕不過從周公制禮樂的過程，卻同時也反映了將血緣關係與階級關係相互結合的時代特性。

周公制禮樂的內容爲何？據〈周本紀〉：「興正禮樂，度制於是改」，〔註 178〕周公所制的「禮」似乎不僅指狹義的「禮儀」而言，當亦含有「經國家，定社稷，序人民」〔註 179〕廣義的「度制」之意，即如金景芳所言：「古代所謂禮，實際是包括上層建築和經濟基礎在內的一系列政治的社會的制度，而以政治的制度爲主。這些制度的提出本身，在一定意義上反映古代社會的某種成熟性。」〔註 180〕因此，若從制度面而言，周公制禮樂的內容當以有關政治的制度爲核心，以鞏固周人的統治爲目的。至於其具體的內容，根據金景芳的看法則可以分爲以下六個部份，即：「一、畿服。服實際上是地方政權和中央政權關係的一種規定。在《國語・周語》中祭公謀父曾謂：『夫先王之制，邦內甸服，邦外侯服，侯衛賓服，夷蠻要服，戎狄荒服』。此所述的五服之制，定是周公制禮作樂的一個重要內容。無疑它是爲調整周朝中央和地方的關係、加強中央政權的統

〔註 175〕同上，頁 650。
〔註 176〕同上，頁 649。
〔註 177〕同上，頁 650。
〔註 178〕《史記・周本紀》，頁 133。
〔註 179〕《春秋左傳・隱公十一年》，《十三經注疏》本，頁 81。
〔註 180〕金景芳，〈周公對鞏固姬周政權所起的作用〉，收入《周公攝政稱王與周初史事論集》，北京圖書館出版社，北京，1998 年，頁 70。

治服務的。二、爵、謚。爵、謚是周人所新創，原爲殷商所無。諸侯的爵爲五等，就是公、侯、伯、子、男。諸侯以下有三等，就是卿、大夫、士。所以爵不是別的，就是統治階級內部等級關係的規定。王國維說號、謚的區別，在於號以施之生，謚以施之死。假如我們謹從別人加給的美稱這一意義來看，則號、謚實是一種東西。爵、謚二制的製定者，史書沒有記載。依我看，不能說是別人，只能歸之周公。這應是他爲鞏固周政權而制禮的一部分。三、田制。『周人百畝而徹』之制及在《國語・魯語》中所述的若干細節：『先王制土，籍田以力而砥其遠邇，賦里以入而量其有無，任力以夫而議其老幼，於是乎有鰥寡孤疾，有軍旅之出則徵之，無則已。其歲收，田一井，出稯禾、秉芻、缶米，不是過也。』這個田制的改革也是周公的業績，應屬於周公制禮的一個組成部分。四、法制。《左傳・文公十八年》說：『先君周公制周禮曰：『則以觀德，德以處事，事以度功，功以食民。』作誓命曰：『毀則爲賊，掩賊爲藏，竊賄爲盜，盜器爲奸』這裡所說的，是周公制禮有關法制的部分。五、嫡長子繼承制。周的嫡長子繼承制應自成王開始，周的嫡長子繼承制也是周公的創造。六、樂。無論就形式或實質來看，古代宮室、廟堂、音樂和舞蹈，都是禮制的重要組成部分。這種程序化了的藝術，已經完全脫離人民，成爲統治階級政治活動的音響和形象外殼。殷亡周興，從記載看，周樂的內容幾乎都是新作的。保存在《詩・周頌》裏的樂詞，例如著名的〈大武〉，完全以周人事跡爲題材。說明朝代的更替，是這種僵化音樂的一線生機。〈大武〉樂應定爲周公作。』」〔註181〕

金景芳認爲周公制禮的具體內容，可分爲畿服、爵謚、田制、法制、嫡長子繼承制、樂等六個部分。不過關於爵制的部份，據前節所述可知是周人從殷制發展而來的，金氏在這個部份的看法似乎有待修正；其次就嫡長子繼承制而言，認爲是周公所創造也是有問題的，如前節所述，其實在殷商末期已有嫡長子繼承的現象了。雖然這六個具體內容不見得俱爲周公所獨創，不過從金氏以文獻對比論證來看，則由周公所因革損益進而奠立了西周相關制度的基礎大致上應該是沒有問題的。《左傳・哀公十一年》春秋魯卿季孫欲按田畝徵稅，孔子私下對冉有之言中即謂：「且子季孫若欲行而法，則周公之典在」。〔註182〕由此則反映了周代典章制度的基礎當爲周公所奠立。儘管金景芳

〔註181〕摘錄自金景芳，〈周公對鞏固姬周政權所起的作用〉，《周公攝政稱王與周初史事論集》，頁70～75。

〔註182〕《春秋左傳・哀公十一年》，《十三經注疏》本，頁1019。

所述仍有其不夠周延之處，而周公制禮就制度面的內容來看也絕不止這些，不過金景芳就文獻所見提出這信而有徵的六個部分，對於我們認識周公制禮作樂的具體內容具有指引的作用。

透過對周公制禮樂內容的粗淺了解，使我們對於周人「文化殖民」的具體內容可以有比較清楚的認識。「文化殖民」中的「文化」在這裡所指的是「制度」面與「思想」面，因為這兩個面向與政治有密切的關係，對鞏固周人的政權能起直接而長期的作用。如前所述，就「制度面」而言，周公制禮建立了周人典章制度的基礎；就「思想面」而言，從「今文周書的西周部分絕大部分皆出於周公」〔註 183〕來看，周公也建立了周人「天命觀」中「天命靡常」及「敬德保命」的思想體系，就這個部分而言，不只是對周政權的鞏固有相當大的作用，對中國文化也產生了相當深遠的影響。因此，總括來看，奠基於周公之手的「文化殖民」，其具體內容當可分為以下幾個部份：宗法制度、禮儀制度、分封制度、天命靡常觀、敬德保民觀等，其實前面三者可合併成廣義的「周禮」，而後者可以「天命」來認識。

就「文化殖民」的作用來看，「周禮」對鞏固周王政權所具有的作用應是：「一、周禮有利於西周社會的穩定發展。西周的國家形式是宗法一統的政治格局，它是依據周禮模式而確立的，充分體現了西周社會『以禮治國』的原則。西周的社會秩序又是憑藉周禮的控制力而得以維持的，以維護等級制為宗旨的周禮規定貴族之間的名份和職權範圍，使統治階級內部各得其所，各司其責，造成一種安於現狀的氛圍，這對西周社會的穩定發展同樣也是有益的。周禮無論對於統治者還是被統治者來說，都帶有一種威懾力量，具有法的功能。同時，禮可以作為刑罰的補充手段，對鞏固政權實起到不可缺少的作用。二、周禮有利於部族、民族的交融。夏禮團結了以夏族為核心的周邊部族，殷禮團結了以商族為核心的方國，周禮在以上基礎上更擴大了它的影響，從宗周散播到四土，使夏商周三代各族互相交融，促進了華夏族的形成。隨著周初大規模軍事征服，開拓疆土，確立了眾多封國地位以來，周人還處心積慮地把周禮文化播散到四夷之地，因此，在周邊地區不同程度地受到殷盛的周禮文化的影響，民族的差異有所縮小，為春秋時代的民族融合奠定了基礎。三、周禮對周人思想的影響。用周禮教化民眾是德政的重要內容，周

〔註 183〕陳來，《古代宗教與倫理 —— 儒家思想的根源》，頁 182。

禮的基本精神與『敬德保民』思想是並行不悖的。」〔註 184〕因此，「周禮」在周人的「文化殖民」中，具有穩定社會、促進民族融合以及施行德政教化的作用，可說是直接、間接地穩固了周人政權。

另外，「天命」對鞏固王權則具有以下的作用：「第一，王權爲天命神化。君主擁土治民的權力來源於天神的賜予，這種天命神學的外衣，大大強化了周天子至高無上的統治地位。不過，君主的權力必須接受政治道德化的約束，遵循一定的行爲準備，才能『誕作民主』，『祈天永命』，這與殷代王權很少受天神限制的專制政治相比，實有其進步的地方。第二、分封以天命著色。周人的宗法分封制作爲國家主要的根本的政治制度，也無不深染天命神學的色彩。周天子稱作『元子』，表明他具有王族嫡長子和天神嫡長子的雙重身份，因而具有君臨天下，以綏萬邦的最高權力。封建諸侯既爲皇天所命的政治體制，諸侯、卿大夫也就必須順從天意以盡佐助天子治好國家的義務。可見周人把宗法分封與天命神意掛起鉤來，既有利於加強對全國臣民的統治，也推動了華夏國家的形成與發展。第三、禮制與天命結伴。這裡要說的禮是就『狹義』〔註 185〕而言。從祭天配祖禮所表現出的至上神與天子之間虛構的血緣關係，就使服從天子的意志與服從天神的意志取得了一致性，從而把社會各等級對天的崇拜，同安於周天子的現實政治結合了起來。天子借助於對至上神的祭祀，來突出天子的至尊地位。周天子在多種禮典中的特殊地位，表明他在社會等級結構中受命於天的最高權威。可見周人的禮制也處處貫注了天命的精神，成爲維護其宗法統治的一種重要手段。」〔註 186〕由上所述可以看出天命思想的「君權神授」論以及透過與宗法分封制及禮制的結合，使天子的地位定於一尊，有助於建立天子的權威進而鞏固其地位，而這種「文化殖民」的方式，可說「是廣泛滲透於周代社會政治生活之中的，是周人維護其宗法統治不可或缺的神學工具。」〔註 187〕

從以上來看可知，做爲周人「文化殖民」的兩大要素「周禮」與「天命」，其作用是彼此相輔相成的，周王透過「天命」中其爲「天子」身份的「神權」理論，將這種精神灌注在「周禮」之中，以做爲其鞏固地位的工具；同時「周

〔註 184〕摘述自詹子慶，〈周禮和西周社會〉，頁 655～658。

〔註 185〕「狹義」之意見本章註 21。

〔註 186〕摘述自杜勇，《《尚書》周初八誥研究》，頁 221～225。

〔註 187〕同上書，頁 225。

禮」中有關禮儀的部分也是周人「天命」中「敬德」思想的形式表現，「西周春秋間德和禮的含義是相通的」，〔註 188〕因此，透過「周禮」的實踐，也達到了周人「德治」的目的，取得了人民對周王室的認同。

周人的「文化殖民」可說是發揮相當大的效用，從考古所見青銅禮器的分佈範圍（見圖三）即是一大明証，對於這種現象，有學者提出以下的解讀：

> 青銅禮器作爲三代社會具有強烈意識形態色彩和政治工具的文物，不僅是文化傳播的見證，也是政治上雙方發生關係的見證，還是某種共同體人們的文化心理、風俗習慣相似的表現，由此我們可以認爲商周禮器的分佈區不僅是商周文化深刻影響所及之處，還是商周國家政權影響所及的地區，在這一區域內，人們在思想觀念、宗教信仰、文化心理和政治制度上有很多相似之處和認同感。〔註 189〕

因此，在周人「文化殖民」的治理下，「文化共同體」概念的逐漸成形，不僅有助於周人的統治，更是中原「諸夏」意識形成的先河。

圖三　三代青銅禮器文化圈分佈範圍圖

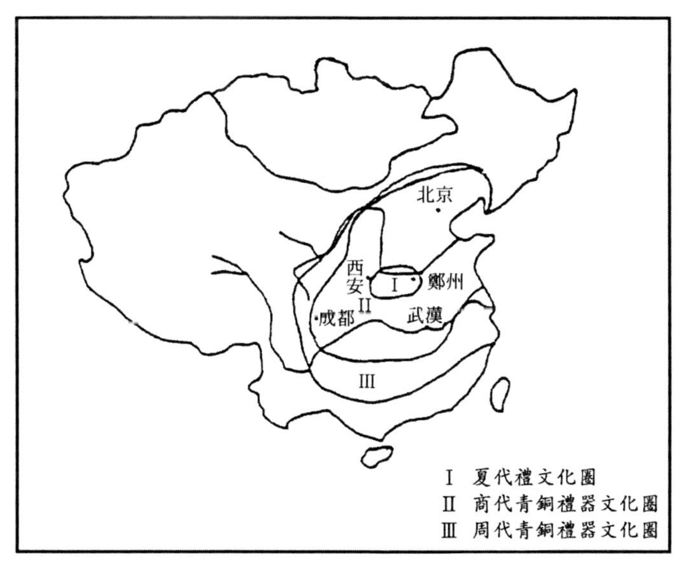

資料來源：徐良高，《中國民族文化源新探》，北京：社會科學文獻出版社，1999 年 11 月，頁 95。

〔註 188〕楊向奎，《宗周社會與禮樂文明》，頁 338。

〔註 189〕徐良高，《中國民族文化源新探》，社會科學文獻出版社，北京，1999 年，頁 102。

第四章　「文化殖民」下封國之交融

受到周人「文化殖民」長期的影響，列國間已日漸「周化」，逐漸產生了「文化共同體」的意識，在這種背景下，遂有春秋時代嚴夷夏之防的「諸夏意識」，這對華夏民族的摶成起了相當大的基礎作用。本章主旨即在論述「周禮」於列國間施行的情形，並進而闡明前述之概念。

第一節　「周禮」施行下的封國

隨著周人「文化殖民」的拓展，列國也呈現了以「周禮」治國的文化風貌，不僅縮小了彼此間的差異，也鞏固了周人的統治，使周人統治下的封國漸躋於「郁郁乎文哉」的禮儀之邦。在本節中，擬對於周人「文化殖民」的兩大要素，「周禮」和「天命」在列國施行的情形作概略性的介紹。

一、宗法分封制在列國施行的情形

宗法分封制是周人的一大創舉，透過這個制度，凝聚了列國對周王室的向心力。「分封與宗法實際上是合二而一的。分封本身就貫穿著宗法的精神，宗法制度也隨著分封的不斷進行而趨於完善。西周時期的宗族與夏商時代的氏族的根本區別不在於尊祖敬宗，而在於宗族嚴格區分嫡庶，並且由此出發而形成了嚴密的大宗與小宗的體系。可以說宗族制度是氏族制度高級形式的發展，它所具備的主要特徵是過去的氏族制度所沒有的。周代分封是由上而下地、多層次進行的。周天子的嫡長子繼位爲天子，嫡長子以外的周王的庶子則被分封出去爲諸侯。諸侯的嫡長子繼位爲諸侯，庶子被分封爲大夫。大夫的嫡長子繼位爲大夫，庶子被分封爲士。」〔註 1〕這是我們對周代宗法制與分封制的認識，其實這兩者的關係是一體之兩面的，而這也是西周「分封制」的特色。然而，西周時期的封國實行宗法分封制的實況如何？欲明乎此，當先從宗法制來著手，而宗法制度的核心是「繼承制度」，因此，欲了解宗法制度在封國中的情況我們可以從列國的繼承制度來找尋一些蛛絲馬跡。以下將根據《史記》「世家」中的記載，將幾個重要封國在西周時期的繼承制度分成兩個部份表列如下：

（一）姬姓封國

表七之一　姬姓封國君位繼承表

封國	傳　位　情　形	傳位方式
魯	魯公伯禽卒，子考公酋立。考公四年卒，立弟熙，是謂煬公。六年卒，子幽公宰立。幽公弟殺幽公而自立，是爲魏公。魏公五十年卒，子厲公擢立。厲公三十七年卒，魯人立其弟具，是爲獻公。獻公三十二年卒，子眞公濞立。眞公卒，弟敖立，是爲武公。武公卒，少子戲立，是爲懿公。懿公兄括之子伯御與魯人攻殺懿公，而立伯御爲君。周宣王伐魯，立懿公弟稱，是爲孝公。孝公二十五年，犬戎殺幽王。二十七年，孝公卒，子弗湟立，是爲惠公。〔註 2〕	一繼一及
燕	自召公以下九世至惠侯。惠侯卒，子釐侯立。釐侯卒，子頃侯立。頃侯二十年，周幽王淫亂，爲犬戎所弒。二十四年，頃侯卒，子哀侯立。〔註 3〕	子繼父位
蔡	蔡叔度既遷而死。其子曰胡，胡乃改行，率德馴善。周公聞之，而舉胡以爲魯卿士，魯國治。於是周公言於成王，復封胡於蔡，以奉蔡叔之祀，是爲蔡仲。蔡仲卒，子蔡伯荒立。蔡伯荒卒，子宮侯立。宮侯卒，子厲侯立。厲侯卒，子武侯立。武侯卒，子夷侯立。夷侯卒，子釐侯所事立。釐侯三十九年，周幽王爲犬戎所殺，周室卑而東徙。四十八年，釐侯卒，子共侯興立。〔註 4〕	子繼父位
曹	叔振鐸卒，子太伯脾立。太伯卒，子仲君平立。仲君平卒，子宮伯侯立。宮伯侯卒，子孝伯雲立。孝伯雲卒，子夷伯喜立。三十年卒，弟幽伯彊立。幽伯九年，弟蘇殺幽伯代立，是爲戴伯。戴伯卒，子惠伯兕立。惠伯二十五年，周幽王爲犬戎所殺，因東徙，益卑，諸侯畔之。三十六年，惠伯卒，子石甫立，其弟武殺之代立，是爲繆公。〔註 5〕	子繼父位

〔註 1〕晁福林，《夏商西周的社會變遷》，北京師範大學出版社，北京，1996 年，頁 268。

〔註 2〕《史記・魯周公世家》，頁 1525～1528。引文中，若所傳爲子，則在「子」字的下方加“—”，若所傳爲弟，則在「弟」字的下方加“＝”，以明辨之。以下同。

〔註 3〕《史記・燕召公世家》，頁 1550～1551。

〔註 4〕《史記・管蔡世家》，頁 1565～1566。

〔註 5〕同上，頁 1570～1571。

衛	康叔卒，子康伯代立。康伯卒，子考伯立。考伯卒，子嗣伯立。嗣伯卒，子庲伯立。庲伯卒，子靖伯立。靖伯卒，子貞伯立。貞伯卒，子頃侯立。頃侯卒，子釐侯立。釐侯卒，太子共伯餘立爲君。共伯弟和有寵於釐侯，多予之賂；和以其賂賂士，以襲攻共伯於墓上，共伯入釐侯羨自殺。衛人因葬之釐侯旁，謚曰共伯，而立和爲衛侯，是爲武公。四十二年，犬戎殺周幽王，五十五年，卒，子莊公揚立。〔註 6〕	子繼父位
晉	唐叔子燮，是爲晉侯。晉侯子寧族，是爲武侯。武侯之子服人，是爲成侯。成侯子福，是爲厲侯。厲侯之子宜臼，是爲靖侯。靖侯卒，子釐侯司徒立。釐侯卒，子獻侯籍立。獻侯十一年卒，子穆侯費王立。穆侯卒，弟殤叔自立。穆侯太子仇率其徒襲殤叔而立，是爲文侯。文侯十年，周幽王無道，犬戎殺幽王，周東徙。三十五年，文侯仇卒，子昭侯伯立。〔註 7〕	子繼父位
吳	周章卒，子熊遂立。熊遂卒，子柯相立。柯相卒，子彊鳩夷立。彊鳩夷卒，子餘橋疑吾立。餘橋疑吾卒，子柯盧立。柯盧卒，子周繇立。周繇卒，子屈羽立。屈羽卒，子夷吾立。夷吾卒，子禽處立。禽處卒，子轉立。轉卒，子頗高立。頗高卒，子句卑立。是時晉獻公滅周北虞公，以開晉伐虢也。〔註 8〕	子繼父位
鄭	鄭桓公友者，周厲王少子而宣王庶弟也。宣王立二十二年，有初封於鄭。犬戎殺幽王於驪山下，并殺桓公。鄭人共立其子掘突，是爲武公。武公卒，子寤生立，是爲莊公。〔註 9〕	子繼父位

（二）非姬姓封國

表七之二　非姬姓封國君位繼承表

封國	傳　　位　　情　　形	傳位方式
齊	蓋太公之卒百有餘年，子丁公呂伋立。丁公卒，子乙公得立。乙公卒，子癸公慈母立。癸公卒，子哀公不辰立。哀公時，紀侯譖之周，周烹哀公而立其弟靜，是爲胡公。哀公之同母少弟山怨胡公，乃與其黨率營丘人襲攻殺胡公而自立，是爲獻公。獻公卒，子武公壽立。武公卒，子厲公無忌立。厲公暴虐，故胡公子復入齊，齊人欲立之，乃與攻殺厲公。胡公子亦戰死。齊人乃立厲公子赤爲君，是爲文公，而誅殺厲公者七十人。文公十二年卒，子成公脫立。成公九年卒，子莊公購立。莊公二十四年，犬戎殺幽王，周東徙雒。六十四年，莊公卒，子釐公祿甫立。〔註 10〕	子繼父位
陳	胡公卒，子申公犀侯立。申公卒，弟相公皋羊立。相公卒，立申公子突，是爲孝公。孝公卒，子慎公圉戎立。慎公卒，子幽公寧立。幽公卒，子釐公孝立。釐公卒，子武公靈立。武公十五年卒，子夷公說立。夷公三年卒，弟平公燮立。平公七年，周幽王爲犬戎所殺，周東徙。二十三年，平公卒，子文公圉立。〔註 11〕	子繼父位

〔註 6〕《史記·衛康叔世家》，頁 1590～1591。
〔註 7〕《史記·晉世家》，頁 1636～1538。
〔註 8〕《史記·吳太伯世家》，頁 1447。
〔註 9〕《史記·鄭世家》，頁 1757、1759。
〔註 10〕《史記·齊太公世家》，頁 1481～1482。
〔註 11〕《史記·陳杞世家》，頁 1525～1528。

宋	微子開卒，立其弟衍，是爲微仲。微仲卒，子宋公稽立。宋公稽卒，子丁公申立。丁公申卒，子湣公共立。湣公共卒，弟煬公熙立。煬公即位，湣公子鮒祀弒煬公而自立，曰「我當立」，是爲厲公。厲公卒，子釐公舉立。釐公卒，子惠公覵立。惠公卒，子哀公立。哀公元年卒，子戴公立。戴公二十九年，周幽王爲犬戎所殺。三十四年，戴公卒，子武公司空立。〔註 12〕	子繼父位
楚	熊繹生熊艾，熊艾生熊䵣，熊䵣生熊勝。熊勝以弟熊楊爲後。熊楊生熊渠。熊渠生子三人。乃立其長子康爲句亶王，中子紅爲鄂王，少子執疵爲越章王。毋康蚤死。熊渠卒，子熊摯紅立。摯紅卒，其弟弒而代立，曰熊延。熊延生熊勇。熊勇十年，卒，弟熊嚴爲後。熊嚴卒。長子伯霜代立，是爲熊霜。熊霜六年，卒，三弟爭立。仲雪死；叔堪亡，避難於濮；而少弟季徇立，是爲熊徇。熊徇卒，子熊咢立。熊咢九年，卒，子熊儀立，是爲若敖。若敖二十年，周幽王爲犬戎所弒，周東徙。二十七年，若敖卒，子熊坎立，是爲霄敖。〔註 13〕	子繼父位爲主

從以上兩表可以看出，姬姓封國中的燕、蔡、吳、鄭等國在西周一朝未見「弟及」的局面，不過燕國前九世的世系不詳，鄭國由於立國較晚世系僅只兩代。而曹、衛、晉則出現「弟及」的情形，但次數不多，曹國兩次，衛國一次，晉國一次，但多以非正道取得。因此這些姬性國家當以「子繼父位」爲主要的繼承制。不過魯國是採取「一繼一及」的繼承制，後面再作詳細的討論。至於非姬姓封國，齊國連續出現兩次「弟及」，而後者爲兄弟鬩牆；陳國兩次，宋國兩次，楚國四次，有兩次是兄弟鬩牆，其餘則均爲「子繼父位」的方式。因此，從以上統計來看，「子繼父位」當爲多數封國的繼承制度，而「弟及」的現象或因政爭，或因權變，也可能是因爲傳統，但不是繼承的常態。由這些封國的情形來看，其他的封國也應多是以「子繼父位」爲繼承制度才是。不過，這個「子」是否爲嫡長子？照王國維的「息爭說」，應該是很有可能：

> 由傳子之制而嫡庶之制生焉。夫舍弟而傳子者，所以息爭也。兄弟之親本不如父子，而兄之尊又不如父，故兄弟間常不免有爭位之事。特如傳弟既盡之後，則嗣立者當爲兄之子歟？弟之子歟？以理論言之，自當立兄之子；以事實言之，則所立者往往爲弟之子。此商人所以有中丁以後九世之亂，而周人傳子之制正爲救此敝而設也。然使於諸子之中可以任擇一人而立之，而此子又可任立其欲立者，則其爭益甚，反不如商之兄弟以長幼相及者猶有次第矣。故有傳子之

〔註 12〕《史記・宋微子世家》，頁 1621～1622。
〔註 13〕《史記・楚世家》，頁 1691～1694。

法，而嫡庶之法亦與之俱生。〔註 14〕

當時的封國可能鑒於前朝之失，也可能受到周人宗法制度的影響而採行此制，因此，實行嫡長子繼承制是有可能的。

魯國的繼承制度較之其他各國來看，顯得較爲特殊，其繼承制度如叔牙對莊公之言：「一繼一及，魯之常也。」〔註 15〕意即「父死子繼」、「兄終弟及」等隔代交替的傳位方式是魯人之常制。乍看之下，魯人的「一繼一及」制似乎與周人的「嫡長子繼承制」背道而馳，令人不禁懷疑這是所謂「周禮盡在魯矣」的一個例外？其實這應該從兩個層面來考察。就形式的層面而言，毫無疑問的，魯人是採取雙重的繼承方式，因此從形式面來看，是絕對無法看出嫡長繼承的宗法精神在其中。再就實質面來看，在這裡則需要分「傳位方式」及「宗法關係」兩個部份來看。首先就傳位方式而言：其「子繼」的部份，所謂的「子」是否即是「嫡長子」？《左傳・隱公元年》：「惠公元妃孟子。」〔註 16〕杜氏注：「言元妃，明始適夫人也。」〔註 17〕從「明始嫡夫人」可看出魯人已有嫡庶之別。再從宣王立戲一事來加以考察。當時宣王寵愛魯武公的少子戲，且將之立爲魯君而廢長子括，後來括之子伯御與魯人攻殺戲而立伯御爲魯君。從此事可以看出，大概因爲以少子繼位不合魯制，故伯御能夠聯合魯人以攻殺戲，而之前樊仲山父也曾勸諫宣王說：「廢長立少，不順」。〔註 18〕從以上所述來看，當時魯人若以「子繼」時，應以「嫡長子」爲先才是。

其次，就宗法關係來看，若以「子繼」的方式傳位時，則嫡子或庶子是以爲人子的宗法關係繼位爲大宗是毫無疑問的，不過當爲「弟及」時，則繼位的兄弟輩當如何界定與前國君的宗法關係？有兩個例子可說明這種情形。例子之一，春秋時魯國大夫仲嬰齊爲其兄歸父之後，遂將原來父親叔仲彭生的字以爲己氏，據當時的規矩，孫可以將祖的「字」用爲自己的「氏」，據《公羊傳・成公十五年》：

> 仲嬰齊者何？公孫嬰齊也。公孫嬰齊，則曷爲謂之仲嬰齊？爲兄後也。爲兄後，則曷爲謂之仲嬰齊？爲人後者爲之子也。爲人後者爲其子，則其稱仲何？孫以王父字爲氏也。然則嬰齊孰後？後歸父也。

〔註 14〕王國維，〈殷周制度論〉，頁 438～439。

〔註 15〕《史記・魯周公世家》，頁 1532。

〔註 16〕《春秋左傳・隱公元年》，《十三經注疏》本，頁 28。

〔註 17〕同上註。

〔註 18〕《史記・魯周公世家》，頁 1527。

〔註 19〕

另一則爲「逆祀」、「順祀」之例。魯閔公死後，其庶兄僖公繼位，〔註 20〕僖公死，其子文公即位，結果文公竟顛倒閔公及僖公在太廟中昭穆的順序，所謂「父曰昭，子曰穆」，〔註 21〕閔公的地位竟被降爲「穆」，而將其父僖公升爲「昭」，使其祭祀的地位高於閔公，此謂之「逆祀」，即先禰後祖也。《公羊傳・文公二年》：

> 八月丁卯，大事于大廟，躋僖公。……躋者何？升也。何言乎升僖公？譏。何譏爾？逆祀也。其逆祀奈何？先禰而後祖也。〔註 22〕

據何休《解詁》：

> 文公緣僖公於閔公爲庶兄，置僖公於閔公上，失先後之義，故譏之。傳曰後祖者，僖公以臣繼閔公猶子繼父，故閔公於文公亦猶祖也。自先君言之，隱桓及閔僖各當爲兄弟，顧有貴賤耳。自繼代言之，有父子君臣之道，此恩義逆順各有所施也。〔註 23〕

從何休注來看，僖公雖爲閔公的庶兄，但「僖公以臣繼閔公猶子繼父」，則僖公就宗法關係而言當爲閔公之子。因此，《公羊傳》所謂「先禰而後祖」，即「言僖公爲閔公之子，亦即閔公爲文公之祖，今將僖公置于閔公之上，所以說『先禰後祖』。」〔註 24〕到定公時，則又恢復原來的昭穆關係，謂之「順祀」。《公羊傳・定公八年》：

> 從祀先公。從祀者何？順祀也。〔註 25〕

何休注爲：「復文公之逆祀。」〔註 26〕由「逆祀」、「順祀」這個例子可以看出，當兄弟輩繼位爲君後，則在宗法關係上與前國君即成爲太廟祭祀中的「昭穆關係」，亦即父子關係。

〔註 19〕《春秋公羊傳・成公十五年》，《十三經注疏》本，頁 229。

〔註 20〕楊伯峻認爲：「〈魯世家〉云『名申，莊公之少子』，又云『季友聞之，自陳與湣公弟申如邾』，則閔公之弟也。而《漢書・五行志》則以僖爲閔之庶兄，說家亦皆因之，陸德明《釋文》、何休《公羊注》及《疏》並同此說，恐誤。」今從其說。楊伯峻，《春秋左傳注》，頁 275。

〔註 21〕據何休注。《春秋公羊傳・文公元年》，《十三經注疏》本，頁 165。

〔註 22〕《春秋公羊傳・文公二年》，《十三經注疏》本，頁 165。

〔註 23〕同上，頁 165～166。

〔註 24〕錢玄，《三禮通論》，頁 458。

〔註 25〕《春秋公羊傳・定公八年》，《十三經注疏》本，頁 328。

〔註 26〕同上註。

從以上春秋時期魯國的兩個例子可以看出，當兄弟輩爲國君之後時，就宗法關係上來說，即成爲「父子關係」，成爲封國內大宗的代表，因此，西周時期魯國「弟及」的君位繼承方式，應該也是以這種方式來建立宗法關係，以有「收族」之效，否則如何能團結族人呢？

總結前面的論述來看，魯國雖行「一繼一及」的傳位方式，但所謂的「子繼」，應當是含有「嫡長子」繼承的可能。再就「弟及」來看，弟即位後，在血緣上雖爲兄之弟，但在宗法關係上卻是「兄之子」，成爲宗族的「大宗」。因此，魯國君位的繼承方式在形式上雖看不到周人嫡長繼承的宗法精神，但就實質面而言卻已實踐了這樣的精神，而這或許也反映了魯人所採取的「因地制宜」的折衷措施。

如上所述，可知當時的封國已有嫡庶之別，當是採行嫡長繼承制，除了有助於避免王位繼承的紛爭，同時這個制度亦通於諸侯、大夫以下，由此而生宗法，即王國維所說：

> 周人嫡庶之制，本爲天子諸侯繼統法而設，復以此制通之大夫以下，則不爲君統而爲宗統，於是宗法生焉。〔註27〕

因此由嫡長子繼承制所衍生出來的「宗法」，使得身爲「嫡長子」的天子成爲了全宗族的「大宗」，藉著「大宗」的身份以達「收族」之效也，此即爲嫡長子繼承制所發展出來的作用，在《儀禮・喪服傳》中即謂：

> 大宗者尊之統也，大宗者收族者也，不可以絕。〔註28〕

天子、諸侯以至大夫均以「嫡長子繼承制」爲君位繼統法，由此而生宗法，使得君統、宗統得以合一以鞏固周王的地位，同時亦有助於穩固諸侯在封國內的統治地位。因此，「嫡長子繼承制」除了爲「息爭」的目的而創設外，由此亦衍生出宗法而有「收族」之效。

因此，周人透過宗法制與分封制的結合，對於姬姓封國加強了「親親」的關係，如康王初即位時在〈康王之誥〉中即曾謂：「今予一二伯父，尚胥暨顧，綏爾先公之臣服于先王。」〔註29〕又穆王在〈呂刑〉中亦有謂：「伯父、伯兄、仲叔、季弟、幼子、童孫，皆聽朕言，庶有格命。」〔註30〕從康王對

〔註27〕王國維，〈殷周制度論〉，頁440。
〔註28〕《儀禮・喪服傳》，《十三經注疏》本，頁358。
〔註29〕《尚書・康王之誥》，《十三經注疏》本，頁289。
〔註30〕《尚書・呂刑》，《十三經注疏》本，頁299。

這些「伯父」之國的殷盼話語到穆王對這些親戚封國的殷殷告勉，可以看出這些姬姓封國透過周人宗法分封制的「文化殖民」方式，成了屏障周王室的重要力量。

對於非姬姓封國而言，周天子雖不是他們的「大宗」，無法有「收族」之效，對於周王的統治沒有帶來直接的效用，但間接來說，經由讓這些封國實行宗法分封制，由於制度的「同質性」卻有可能促進非姬姓封國對周人的認同，進而有助於周王的統治，同時這些封國也可藉由這個制度以鞏固其在封國內部的地位，以有「收族」之效。

因此，從《左傳・隱公八年》眾仲回答隱公的一段話，或可作爲宗法分封制在封國施行的寫照：

> 天子建德，因生以賜姓，胙之土而命之氏。諸侯以字爲謚，因以爲族，官有世功，則有官族，邑亦如之。〔註31〕

二、禮制在列國施行的情形

周人禮樂在封國之中，可說以魯國最爲完備，所謂「周禮盡在魯矣」。據《史記》所載：「魯有天子禮樂者，以褒周公之德也。」〔註32〕自此以後，魯國成爲東方列國中禮樂最爲燦備的封國，舉凡周王之制在魯國皆可爲之，魯國「成了宗周禮樂文明的嫡傳，全盤繼承了周人的文化傳統。」〔註33〕因此，魯國對周王室而言，不止是周人在東方「武裝殖民」的據點而已，更是周人在東方「文化殖民」的重鎮。「魯國建國之地乃是殷商勢力較爲頑固的地區，伯禽率周人的一支作爲勝利者被分封到魯國時，是要把魯國建成爲宗周模式的東方據點。因此，魯國代表周王室，擔負著鎮撫周邊部族，傳播宗周文化的歷史使命。」〔註34〕而「周禮」在魯國施行的情形，從《禮記・明堂位》所載可見一般：

> 凡四代之服，器，官，魯兼用之。是故，魯，王禮也，天下傳之久矣。，天下以爲有道之國。是故，天下資禮樂焉。〔註35〕

雖然，後者所言「君臣，未嘗相弒也；禮樂刑法政俗，未嘗相變也」與實際

〔註31〕《春秋左傳・隱公八年》，《十三經注疏》本，頁75～76。

〔註32〕《史記・魯周公世家》，頁1523。

〔註33〕郭克煜等，《魯國史》，人民出版社，北京，1994年，頁223。

〔註34〕同上，頁224～225。

〔註35〕《禮記・明堂位》，《十三經注疏》本，頁584。

的情形不符，不過，其前面所言卻也反映了「周禮」在魯國施行的眞實情況。另外，從春秋時吳公子季札於魯觀「周樂」，亦反映了周禮在魯國的情形：

> 請觀於周樂。使工爲之歌〈周南〉、〈召南〉，曰：「美哉！始基之矣，猶未也，然勤而不怨矣。」爲之歌〈邶〉、〈鄘〉、〈衛〉，曰：「美哉淵乎！憂而不困者也。吾聞衛康叔、武公之德如是，是其〈衛風〉乎！」爲之歌〈王〉，曰：「美哉！思而不懼，其周之東乎！」爲之歌〈鄭〉，曰：「美哉！其細已甚，民弗堪也。是其先亡乎！」爲之歌〈齊〉，曰：「美哉！泱泱乎！大風也哉！表東海者，其大公乎！國未可量也。」爲之歌〈豳〉，曰：「美哉，蕩乎！樂而不淫，其周公之東乎！」爲之歌〈秦〉，曰：「此之謂夏聲。夫能夏則大，大之至也，其周之舊乎！」爲之歌〈魏〉，曰：「美哉，渢渢乎！大而婉，險而易行，以德輔此，則明主也。」爲之歌〈唐〉，曰：「思深哉！其有陶唐氏之遺民乎！不然，何其憂之遠也？非令德之後，誰能若是？」爲之歌〈陳〉，曰：「國無主，其能久乎！」自鄶以下無譏焉。爲之歌〈小雅〉，曰：「美哉！思而不貳，怨而不言，其周德之衰乎？猶有先王之遺民焉。」爲之歌〈大雅〉，曰：「廣哉，熙熙乎！曲而有直體，其文王之德乎！」爲之歌〈頌〉，曰：「至矣哉！直而不倨，曲而不屈，邇而不偪，遠而不攜，遷而不淫，復而不厭，哀而不愁，樂而不荒，用而不匱，廣而不宣，施而不費，取而不貪，處而不底，行而不流。五聲和，八風平。節有度，守有序，盛德之所同也。」見舞〈象箾〉、〈南籥〉者，曰：「美哉！猶有憾。」見舞〈大武〉者，曰：「美哉！周之盛也，其若此乎！」見舞〈韶濩〉者，曰：「聖人之弘也，而猶有慚德，聖人之難也。」見舞〈大夏〉者，曰：「美哉！勤而不德，非禹，其誰能修之？」見舞〈韶濩〉者，曰：「德至矣哉，大矣！如天之無不幬也，如地之無不載也。雖甚盛德，其蔑以加於此矣，觀止矣。若有他樂，吾不敢請已。」〔註 36〕

從上文中可以看出魯國禮樂之完備，從流行於地方的「國風」到爲王朝所崇尚的「雅」樂，以及表現周人先王之德的樂舞來看，可見魯國禮樂之美盛，魯國可以說是列國中最能代表「周禮」的國家。而其他「各諸侯國的情形卻不大一樣，其中原因自然不少，如封國性質的不同，所處地理位置的差異等

〔註 36〕《春秋左傳・襄公二十九年》，《十三經注疏》本，頁 667～673。

等，秦、楚爲戎族，周禮的影響自然較弱；吳雖姬姓，但畢竟遠在僻壤，周禮的保存不及中土，所以春秋時公子季札至魯請觀周樂。齊爲魯鄰，又是太公之後，其遵周禮強於域外方國。」〔註 37〕由此可見，周禮在各國施行的情況不一，不過大致上仍受到周禮的影響。

上述周人的禮制在封國間施行的情形，可以從各國青銅禮器的形制來加以說明，因爲「青銅器，特別是青銅禮器的影響繼承，不僅僅是工藝和美術方面的問題。禮器是青銅文化的一種重要因素，突出地表現出禮制以至崇拜思想的性格。」〔註 38〕因此，一些西周時期封國的青銅禮器，如衛、魯、燕、密、蜀、吳、軝、夨等，這些「諸侯國青銅器很多和周王朝的器物形制相同，在器形、紋飾和工藝上都看不出明顯的特點。……不僅諸侯國的青銅器與周王朝器物近似，相距很遠的不同諸侯國，也有彼此同型的器物。……在西周廣大疆域上存在的這項共同性，反映出周朝政治、經濟、文化上的統一。當然，說有共同性，並不排除，諸侯國青銅器有各自的特殊性，或者說地域性，不過相比而言，共同性還是主要的。」〔註 39〕

從上述可以看出，「周禮」在列國間是被普遍施行的，而且封國間也是相互影響的，其差異只是在於影響深淺的不同，而這種「周禮」影響深淺的不同，從「青銅文化」的分佈情況可以看出以下三種情形：

> 一、周王朝勢力影響最深刻的地區是在今河南中部、北部，河北全部，山東中部與西北部，山西中部與南部。這些地區的青銅文化基本上可與王畿地區歸屬同一系統。二、至於今河南南部、山東中部、江蘇西部以及陝西關中平原以西地區，雖亦爲周人勢力所及，但周王朝的影響力已減弱，在青銅文化上表現出與王畿地區相近似，但帶有某些地域因素的形態。三、周人雖已將勢力伸展至長江下游地區，可是由於當地土著民族力量之強大與文化傳統的深厚，王朝的政治統治不能控制之，只能形成周人與當地土著民族在政治上相互融合的局勢，在青銅文化上則形成一種混合的狀態。〔註 40〕

因此，從「青銅文化」的分佈情形來看，可以看出「周禮」對周人勢力

〔註 37〕郭克煜等，《魯國史》，人民出版社，北京，1994 年，頁 229。

〔註 38〕李學勤，〈青銅器與商周文化的關係〉，收於《比較考古學隨筆》，頁 13。

〔註 39〕李學勤，〈西周時期的諸侯國青銅器〉，收於《新出青銅器研究》，文物出版社，北京，1990 年，頁 33～44。

〔註 40〕朱鳳瀚，《古代中國青銅器》，南開大學出版社，天津，1995 年，頁 813。

所在的地區是有相當的影響性，原來的商奄舊地，即今山東省的中部及西部一帶，以及夏墟之地，即今山西省的中、南部，均深染了周文化的氣息，只是在長江下游地區，由於鞭長莫及周人統治不易，可能因而採取因地制宜的羈縻治理方式，因此當地的青銅文化遂出現一種混合的狀態，不過從這裡也可看出，儘管王室對當地的控制有限，周人的「禮制」對當地仍有所影響，而這也正是其「文化殖民」所帶來的一種效用。

三、天命思想影響下的列國

「天命」對周人的統治帶來相當的效用，其對封國所產生的影響，可從列國的青銅銘文中反映出來，以下根據《商周青銅器銘文選》所輯錄的彝銘，將西周時代封國所出現有關「天命」以及「德」字的金文表列如下：

表八　封國彝銘所見「天命」表

國別	器名	時間	語詞	銘文
邢	邢侯簋	康王	無終命	……克奔徙（走）上下帝無多（終）令于有周……。〔註41〕
西虢	班簋	穆王	彝悉天令	……彝悉（昧）天令，故亡……。〔註42〕
彔	彔伯戜簋	穆王	惠弘天命	……自乃且考又（有）爵（恪）于周邦，右闢四方，叀（惠）圅天命……。〔註43〕
應	應侯見工鐘	恭王或懿王	永命	……用易眉壽永命……。〔註44〕
番	番生簋蓋	孝王	大命	……用鬸圝大令……。〔註45〕
蔡	蔡姞簋	西周中期	永命	……綽縮（綰）永令……。〔註46〕
胡	誅叔鼎	西周中期	永命	……誅弔（叔）罘仙（信）姬其易壽耉多宗永令……。〔註47〕
杜	杜伯簋	西周晚期	永命	……匃永令……。〔註48〕

〔註41〕馬承源主編，《商周青銅器銘文選》第三卷，頁45（彝銘拓片參見附錄圖十二）。
〔註42〕同上，頁108（彝銘拓片參見附錄圖二十）。
〔註43〕同上，頁118（彝銘拓片參見附錄圖二一）。
〔註44〕同上，頁164（彝銘拓片參見附錄圖二五）。
〔註45〕同上，頁225（彝銘拓片參見附錄圖二六）。
〔註46〕同上，頁238（彝銘拓片參見附錄圖二七）。
〔註47〕同上，頁258（彝銘拓片參見附錄圖二八）。
〔註48〕同上，頁356（彝銘拓片參見附錄圖三五）。

表九　封國彝銘所見「德」字表

國別	器名	時間	語詞	銘文
邢	麥方尊	康王	受德	……永亡冬冬（終終），用適（受）德、妥多友，享旋（奔）走令。〔註49〕
西虢	班簋	穆王	敬德	……允才（哉）顯，隹苟（敬）德，亡逌（攸）違……。〔註50〕
彔	伯㦰簋	穆王	秉德	……唬（效）前文人，秉德共（恭）屯（純）……。〔註51〕
紀	曩仲壺	恭王	懿德	……匄三壽歅（懿）德萬年。〔註52〕
番	番生簋蓋	孝王	明德 元德 肆德	不顯皇且考穆穆克誓（哲）氒德，……番生不敢弗帥井（型）皇且考不丕元德……虔夙夜尃（溥）求不朁德……。〔註53〕
蔡	蔡姞簋	西周中期	德	……尹弔（叔）用妥（綏）多福于皇考德尹、叀姬……。〔註54〕
東虢	虢叔旅鐘	厲王	明德	……穆穆秉元明德……。〔註55〕
曾	曾伯陭壺	西周晚期	爲德	……爲德無叚……。〔註56〕

從以上幾個封國彝銘中所出現有關「天命」的幾種語詞，如「無終命」、「天命」、「大命」「永命」等，可以反映出封國也具有天命的觀念，而周公所提出的「天命靡常」觀亦反映在「無終命」、「永命」等語詞中，正因爲覺得天命是無常的，所以才須要「無終」命、「永」命。另外，周公從「天命靡常」觀所發展出來的「敬德」思想，也從封國的彝銘之中反映出來，如「受德」、「敬德」、「稟德」、「懿德」、「明德」、「元德」、「肆德」等有關「德」的語詞，從這裡可以看出，周人的「天命」觀應是普遍影響著封國的。雖然這些封國只是西周封國的一小部份，不過它們的分佈範圍卻相當廣泛，有畿內的封國，如虢國，也有遠至淮水流域，如彔國，可見由周公所提出的「天命思想」，其影響的範圍應是相當大的。

西周時期的封國，在政治上雖有其某種程度的「自主」性，但在周人「文

〔註49〕同上，頁46（彝銘拓片參見附錄圖十三）。
〔註50〕同上，頁108（彝銘拓片參見附錄圖二十）。
〔註51〕同上，頁119（彝銘拓片參見附錄圖二二）。
〔註52〕同上，頁145（彝銘拓片參見附錄圖二四）。
〔註53〕同上，頁225（彝銘拓片參見附錄圖二六）。
〔註54〕同上，頁238（彝銘拓片參見附錄圖二七）。
〔註55〕同上，頁297（彝銘拓片參見附錄圖三十）。
〔註56〕同上，頁333（彝銘拓片參見附錄圖三二）。

化殖民」下，他們大致都能尊崇周王室，同時也促成了列國間的交融，周文化成了封建王權下封國集體意識的基礎，不過，周人也相當尊重舊有方國的文化傳統，這些自殷商以來即存在的方國，在周人所謂的「啓以商政，疆以周索」、「啓以夏政，疆以戎索」等的懷柔政策下，也發展出地方的文化特色，而成了周文化的分支：

> 商文化的影響與當地土著的文化傳統相結合而發展起了各具特色的商代方國文化。商王朝之後，代之而起的周王朝對其宗室、功臣的分封，對蠻夷地方政權的承認，正是以商代方國及其文化的存在爲前提、爲依據的。各諸侯國的統治者帶去了或者接受了周朝文化，使之與原有的方國文化結合遂形成了周文化大系之下的諸如齊魯文化、吳越文化、荊楚文化、巴蜀文化……等周文化分支。〔註 57〕

因此，在周人的「文化殖民」下，形成了以周文化爲大宗的多元文化特色。

第二節　春秋諸夏意識形成的文化基礎

相較於西周，春秋時代是個封國高度自主的時期，在這樣的背景下，中原的封國卻出現了一種「嚴夷夏之防」的集體意識——即「諸夏意識」。雖然，「春秋時代的『諸夏』意識，似乎由於王綱解紐，宗法的親親精神日趨淡薄，而戎狄交侵，封建諸侯普遍產生『危機意識』之下所形成的。」〔註 58〕不過，激發這些諸夏成員所產生的這種集體感的認同基礎，當非一時之間所產生的，這個「認同基礎」當是長期以來中原列國間所逐漸形成的一種「共同體」的概念，因此，當遇到戎狄交侵的威脅時，這些封國即可以在春秋霸主所高舉「攘夷」的大旗下團結起來，共同抵禦「外侮」以維護諸夏成員的生存，而這也正是春秋初期齊桓公得以「非姬姓」諸侯的身份號召「諸姬」及其他「非姬姓」諸侯完成霸業的重要基礎。

一、夷夏之別

〔註 57〕邵望平，〈《禹貢》九州的考古學研究——兼說中國古代文明的多源性〉，《九州學刊》第二卷第一期，香港中華文化促進中心，香港，1987 年 9 月，頁 15。

〔註 58〕王仲孚，〈試論春秋時代的諸夏意識〉，收於《中國上古史專題研究》，五南，台北，民國 85 年，頁 596。

夷夏之別爲何？其實「諸夏與戎狄亦多種姓相同」，〔註59〕是故其主要的差異在文化也。錢穆即謂：

> 所謂諸夏與戎狄，其實只是文化生活上的一種界線，乃耕稼城郭諸邦與游牧部落之不同。〔註60〕

又王師仲孚亦有類似的看法：

> 東周的「諸夏」國家，承襲了因革損益後的三代文化，發展成爲一個水準相近的文化體系，政治、經濟、宗教、習俗等皆與戎狄及邊陲民族不同，尤其表現在衣食住行及禮樂教化方面，諸夏與戎狄形成了明顯的差異。〔註61〕

因此，文化體系上的差異，也就成了夷夏之間的根本區別，〔註62〕其差異「尤其表現在衣食住行及禮樂教化方面」。而這些諸夏成員所承襲的文化，是經過因革損益後的三代文化，質言之，即可說是「周文化」。「周文化」既成爲夷夏之別的重要指標，因此「周文化」同時也可說是諸夏成員的「認同基礎」。

「周文化」既成爲這些春秋封國的認同基礎，何以卻自稱「諸夏」，而不稱「諸周」？關於這點，王師仲孚則有相當精闢的分析，他認爲：「在周初的文獻裡，周人一再說自己是『有夏』。周人自稱『有夏』的原因，可能是周人確與夏有族源的關係，也可能是周人冒用夏人之名，李民氏以爲《尚書》中屢載『周人尊夏』的言論，固然可能由於滅『大邦殷』之後，爲統治廣大中原地區，特別是面對原來夏朝的中心地區，迎合人們追念夏朝的心理，所以特別宣傳自己是夏的後代，強調夏、周關係之密切，但這種宣傳必然有其歷史的根據才是，否則也就騙不過『有冊有典』的殷人。春秋的「諸夏」國家，除了在文化程度上與戎狄有顯著的差別外，顯然具有周初封建的和歷史的淵源，如封建諸侯中的姬姜二姓與周族有密切的關係，而周人早經宣稱自己是『夏』。其次是『諸夏』的分布地區，主要在從前夏朝的統治地區，或夏文化的分布地區，例如宋國既非姬姓，且是『殷遺』，但卻屬於『諸夏』之國，東周的王畿，處於夏人活動的中心地區，並有『諸夏』國家分布在其四方，與戎狄交錯。所謂『諸夏』分布在夏人活動地區，並非說夏人活動地區內皆是，

〔註59〕錢穆，《國史大綱》，頁39。

〔註60〕同上註。

〔註61〕王仲孚，〈試論春秋時代的諸夏意識〉，頁606。

〔註62〕此外如王茂富、谷瑞照、王明蓀等諸位先生亦曾提出相同的論點。見王仲孚，〈試論春秋時代的諸夏意識〉註62，頁616。

實際上除了成周的四面『諸夏』與『蠻荊戎狄之人』交錯分布外，成周王畿附近就分布著『伊洛之戎』、『陸渾之戎』，晉國既屬姬姓，又處夏人活動的中心地區之一，且自稱『諸夏』，但國內遍布戎狄之多，實爲其他『諸夏』之國所不及。其實，自夏亡以後至春秋約千年之久，部族或邦國的兼併遷徙，曷可勝數，就文化的融和而言，所謂春秋諸夏，不僅包括夏商周三個『民族』，連堯的氏族集團、舜的氏族集團，以及更古老的神農氏集團——許國等，又如東方風偃集團的古國，如『服事諸夏』的任宿須句等，在歷史淵源上雖非『諸夏』，但當時的這類小國在文化程度上已接近『諸夏』，而不能歸之戎狄一類了。三代文化在因革損益之中，自然還有創新，才會有春秋時代較進步的『諸夏』文化，周人的封國而自稱『諸夏』，除了地緣的，政治的因素外，似還可以看出夏文化影響力的深遠。」〔註63〕

因此，東周封國之稱「諸夏」者，蓋有地緣、政治及文化等因素使然。周人繼承了這些因素，彷彿成了華夏地區的代表，因此，到了春秋時代，中原地區的封國，由於在地緣上大多分布於有夏之居；在政治上，又自認爲繼承夏代之餘緒；而在文化上，周文化亦深受夏文化的影響，是故「諸夏」也就成了中原封國的代名詞。因此，春秋時代的「諸夏」即意指「分布在黃河的中下游一帶」〔註64〕而以「周文化」爲彼此共同認同基礎的封建國家。在這種情形下，除了散居在這些地區的游牧部落被視爲「夷狄」外，位在「諸夏」邊陲的秦、楚、吳、越諸國，雖亦爲周文化所被及之地，甚至亦有姬姓之國，如吳國，但由於地處偏遠，且在文化上亦受當地影響而深具「蠻夷」之風的地方特色，因此這些國家也被「諸夏」封國視爲「非我族類」的蠻夷之邦。〔註65〕

周文化既成了「夷夏之別」的差異所在，而這種差異「尤其表現在衣食住行及禮樂教化方面」，這種情形可從《禮記・王制》所載反映出來：

> 凡居民材，必因天地寒煖燥溼，廣谷大川異制。民生其間者異俗：剛柔輕重遲速異齊，五味異和，器械異制，衣服異宜。脩其教，不易其俗；齊其政，不易其宜。中國戎夷，五方之民，皆有其性也，不可推

〔註63〕王仲孚，〈試論春秋時代的諸夏意識〉，頁604～605。

〔註64〕同上，頁602。

〔註65〕可參考田繼周，《先秦民族史》第五章第三節「周代的民族和民族關係」，四川民族出版社，成都，1996年，頁335～406。

> 移。東方曰夷，被髮文身，有不火食者矣。南方曰蠻，雕題交趾，有不火食者矣。西方曰戎，被髮衣皮，有不粒食者矣。北方曰狄，衣羽毛穴居，有不粒食者矣。中國、夷、蠻、戎、狄，皆有安居、和味、宜服、利用、備器，五方之民，言語不通，嗜欲不同。達其志，通其欲：東方曰寄，南方曰象，西方曰狄鞮，北方曰譯。〔註66〕

《禮記・王制》中所謂「民生其間者異俗」即反映了「中國」與「蠻、夷、戎、狄」之間主要的差異在於風俗習慣的不同，而「脩其教，不易其俗；齊其政，不易其宜」正是從文化面來著眼「五方之民」在「禮樂教化」程度上的差異以及生活習慣的不同。而在《左傳》中所見春秋時人對於「夷夏之別」的看法，大體上也是從這些方面來著眼的，尤其是表現在「禮樂教化」方面，今依封國、時間、及《左傳》所見「夷夏之別」等三個部份將之表列如下，以對於當時「夷夏之別」的背景及情形有比較完整的認識：

表十 《左傳》所見「夷夏之別」表

國別	時　間	《左傳》所見夷夏之別
周	周平王中期	初，平王之東遷也，辛有適伊川，見被髮而祭于野者，曰：「不及百年，此其戎乎！其禮先亡矣。」〔註67〕
鄭	周桓王六年	北戎侵鄭。鄭伯禦之，患戎師，曰：「彼徒我車，懼其侵軼我也。」公子突曰：「……戎輕而不整，貪而無親，勝不相讓，敗不相救。……」〔註68〕
齊	周惠王十六年	狄人伐邢。管敬仲言於齊侯曰：「戎狄豺狼，不可厭也；諸夏親暱，不可棄也。……」〔註69〕
魯	周襄王十四年	任、宿、須句、顓臾，風姓也，實司大皞與有濟之祀，以服事諸夏。邾人滅須句。須句子來奔，因成風也。成風爲之言於公曰：「崇明祀，保小寡，周禮也；蠻夷猾夏，周禍也。若封須句，是崇皞、濟而脩祀、紓禍也。」〔註70〕
周	周襄王十七年	王怒，將以狄伐鄭。富辰曰：「……耳不聽五聲之和爲聾，目不別五色之章爲昧，心不則德義之經爲頑，口不道忠信之言爲嚚。狄皆則之，四姦具矣。……」 王德狄人，將以其女爲后。富辰諫曰：「不可。臣聞之曰：『報者倦矣，施者未厭。』狄固貪惏，王又啓之。……」〔註71〕

〔註66〕《禮記・王制》，《十三經注疏》本，頁247～248。

〔註67〕《春秋左傳・僖公二十二年》，《十三經注疏》本，頁247。

〔註68〕《春秋左傳・隱公九年》，《十三經注疏》本，頁76。

〔註69〕《春秋左傳・閔公九年》，《十三經注疏》本，頁187。

〔註70〕《春秋左傳・僖公二十一年》，《十三經注疏》本，頁242。

〔註71〕《春秋左傳・僖公二十四年》，《十三經注疏》本，頁255、257。

魯	周襄王二十年	杞桓公來朝。用夷禮，故曰子。公卑杞，杞不共也。〔註 72〕
周	周定王十八年	晉侯使鞏朔獻齊捷于周。王弗見，使單襄公辭焉，曰：「蠻夷戎狄，不式王命，淫湎毀常，王命伐之，則有獻捷。王親受而勞之，所以懲不敬、勸有功也。……」〔註 73〕
晉	周靈王三年	無終子嘉父使孟樂如晉，因魏莊子納虎豹之皮，以請和戎。晉侯曰：「戎狄無親而貪，不如伐之。」魏絳曰：「……戎，禽獸也。……」……對（魏絳）曰：「和戎有五利焉：戎狄荐居，貴貨易土，土可賈焉，一也。邊鄙不聳，民狎其野，穡人成功，二也。戎狄事晉，四鄰振動，諸侯威懷，三也。以德綏戎，師徒不勤，甲兵不頓，四也。鑒于后羿，而用德度，遠至、邇安，五也。君其圖之！」〔註 74〕
晉	周靈王十三年	將執戎子駒支，范宣子親數諸朝，……對（姜戎氏）曰：「……我諸戎飲食衣服不與華同，贄幣不通，言語不達，何惡之能為？……」〔註 75〕
周	周景王十二年	周甘人與晉閻嘉爭閻田。晉梁丙、張趯率陰戎伐穎。王使詹桓伯辭於晉，曰：「……后稷封殖天下，今戎制之，不亦難乎？……」〔註 76〕
晉	周敬王三十八年	秋七月辛丑盟，吳人曰：「於周室，我為長。」晉人曰：「於姬姓，我為伯。」……（司馬寅）曰：「……大子死乎？且夷德輕，不忍久，請少待之。」〔註 77〕

在上表中，我們可以看出春秋時代周、鄭、齊、魯、晉等主要諸夏封建國家所出現「夷夏之別」的情形，「當時華戎分異，自生活上言，則如姜戎氏云，我諸戎飲食衣服不與華同是也。自言語上言，則如姜戎氏又稱言語不達，《史記》由余其先晉人，亡入戎，能晉言是也。自禮服上言，則如平王東遷，辛有適伊川見被髮而祭於野者，曰不及百年此其戎乎，其禮先亡矣。孔子曰，微管仲，吾其被髮左衽矣是也。自戰事上言，則如鄭人與北戎戰，曰彼徒我車是也。凡此諸別，言語一類似不重要。齊楚南北方言即不同。至生活禮服諸端，其重要關鍵，實在耕稼與游牧之別。故曰狄之廣漠，於晉為都。又曰，戎狄荐居，貴貨易土，土可賈。惟其為耕稼的社會，故有城郭宮室宗廟社稷衣冠禮樂車馬貨賂，此則為諸夏。惟其為游牧的社會，故無上述城郭宮室諸文物，而飲食衣服種種與諸夏異，而成其為蠻夷戎狄。耕稼與游牧，只是一種經濟上文化上之區別，故曰諸夏用夷禮則夷之，夷狄用諸夏禮則諸夏之。」

〔註 72〕《春秋左傳・僖公二十七年》，《十三經注疏》本，頁 266。
〔註 73〕《春秋左傳・成公二年》，《十三經注疏》本，頁 430。
〔註 74〕《春秋左傳・襄公四年》，《十三經注疏》本，頁 506、508。
〔註 75〕《春秋左傳・襄公十四年》，《十三經注疏》本，頁 557～558。
〔註 76〕《春秋左傳・昭公九年》，《十三經注疏》本，頁 779。
〔註 77〕《春秋左傳・哀公十三年》，《十三經注疏》本，頁 1028。

〔註 78〕

然而在平王東遷之際，即可見周人從「禮」的角度來看待「夷夏」之間的不同，當時周大夫辛有在伊川見到「披髮野祭」，即憂慮此後周人「禮失」而淪爲蠻夷。由於這是發生在平王東遷之際的事，因此這種以「禮」作爲「夷夏之別」的看法應當是延續自西周才是，如此也才有前述辛有大夫的憂喟之嘆，而從這裡也可看出春秋時代的「諸夏意識」於此時實已隱然出現。此外，周襄王時，魯僖公生母成風夫人曾謂僖公：「崇明祀，保小寡，周禮也；蠻夷猾夏，周禍也。」；以及杞國用夷禮，魯僖公卑之等事來看，這些在春秋前期所出現的情形也充分反映了「諸夏用夷禮則夷之，夷狄用諸夏禮則諸夏之」的「夷夏之別」的寫照。

除了「禮」以外，從上表中還可見周、鄭、齊、晉等幾個封國以「德」來作爲「夷夏之別」，如「戎輕而不整，貪而無親，勝不相讓，敗不相救」;「戎狄豺狼，不可厭也」;「耳不聽五聲之和爲聾，目不別五色之章爲昧，心不則德義之經爲頑，口不道忠信之言爲嚚。狄皆則之，四姦具矣」;「狄固貪惏」;「蠻夷戎狄，不式王命，淫湎毀常」;「戎狄無親而貪」;「且夷德輕」等評語均是從「德性」的觀點來看待夷狄之人。從以上所述可以看出，「禮」和「德」似乎成了「諸夏」與「蠻夷戎狄」之間的重要區別標誌，而這些區別的標誌同時也是「諸夏」成員間彼此所認同的價値與基礎。因此，春秋時代所謂嚴夷夏之防的「諸夏意識」當是西周時期在周人「文化殖民」的兩大要素「禮制」與「天命」影響下所逐漸摶形的。

二、「周文」之發展

「禮」與「德」不僅是「夷夏之別」的標誌，同時也是封國間互相往來或者是諸侯治國的基礎，在《左傳》及《國語》等文獻中即常見到有關這樣的記載，如《左傳・襄公九年》:

> 知武子謂獻子曰：「我實不德，而要人以盟，豈禮也哉？非禮，何以主盟？姑盟而退，修德、息師而來，終必獲鄭，何必今日？我之不德，民將棄我，豈唯鄭？若能休和，遠人將至，何恃於鄭？」乃盟而還。〔註 79〕

〔註 78〕錢穆，《國史大綱》，頁 39～40。

〔註 79〕《春秋左傳・襄公九年》，《十三經注疏》本，頁 528。

此事是晉國以武力要脅鄭國結盟後，晉中軍將知武子對獻子所說的話。由這個例子可以看出春秋時代雖王綱解紐，但是西周時代周人的「文化殖民」卻仍然深刻地影響這些「諸夏」封國，儘管「周王朝賴以治國平天下的王道思想既已根本上發生了動搖，禮崩樂壞，其思想上與政治上的大一統之勢也就土崩瓦解，於是便出現了諸侯力政、百家爭鳴的新局面。」〔註 80〕然而周文化的內涵到了春秋時代卻有了更細緻而多元的發展與轉變。「周公曾以德代禮，因而豐富了禮的內容，提高了禮的境界。到春秋時代，社會醞釀新的變革，四裔迭起，文化非復一元，價值的觀念在變，於是西周德刑兩手的政策，因地區不同，學派有別，理解發揮都有不同。孔子遂提出『仁』來，作爲最高道德準則。『仁』字內涵，乃『德』與『禮』的綜合，『規規矩矩的作人，以有禮貌的態度待人』，總之，是要搞好『人人之際』的關係。這是一個偉大的命題，是中國史上傳統世界觀的轉折點，由『天人之際』正式轉向『人人之際』。」〔註 81〕

孔子可說是春秋時代對周文化中「禮」與「德」的內涵銓釋以及發揮最爲深刻的一位學者，其曾謂「周監於二代，郁郁乎文哉，吾從周」，〔註 82〕「久矣，吾不復夢見周公」，〔註 83〕可見其對「周文」之嚮往及對周公之崇敬，由此也反映出一代學者對周文化之內涵當有相當深刻之體認。而相較於春秋時代其它各家學說思想來看，「在諸子百家之中，道家以其宗教否定論與反禮樂文化的『自然之道』，墨家以其『明鬼』與『非樂』的主張，儒家以其倫理本位主義與『禮樂教化』的思想，大行於世，並稱『顯學』。道家與墨家各從不同的角度反對禮樂文化，以孔子爲代表的儒家則繼承『周公遺範』與春秋時代以來的禮樂非宗教化的人文主義傳統，將西周政治化的禮樂制度進一步倫理化，並以這一政治化、倫理化的禮樂制度作爲修身、齊家、治國、平天下的大道，即所謂『禮樂教化』之道。經過孔子及其後學的改造，傳統的禮樂文化又得以繼續存在與發展，而且在以後的兩千多年中，歷久不衰，成爲中國傳統文化的主流。」〔註 84〕因此，我們可以說周文化中「禮」與「德」的內涵到了春秋時代因著環境的變遷在儒家的發揚下而有了新的生命，儘管當

〔註 80〕謝謙，《中國古代宗教與禮樂文化》，頁 121。
〔註 81〕楊向奎，《宗周社會與禮樂文明》，頁 454。
〔註 82〕《論語・八佾》，《新編諸子集成》本，頁 56。
〔註 83〕《論語・述而》，《新編諸子集成》本，頁 137。
〔註 84〕謝謙，《中國古代宗教與禮樂文化》，頁 122。

時是「禮崩樂壞」的局面，但「禮」與「德」的價值並沒有眞正的崩解掉，在儒家的傳揚下仍對當時的社會起了一定的作用，同時也是「諸夏意識」、「夷夏之別」的重要基礎。「這種以文化爲基礎的意識形成後，逐漸揚棄了狹隘的宗法意識，也消融了封建國家之間的界線，且隨著封建國家的兼併，而不斷地擴大，即使春秋時代結束，仍然未已，對於此後中國歷史的發展也一直發生很大的影響。」〔註85〕

春秋時代所出現的「諸夏意識」是以周文化爲認同的基礎，而這周文化又是以「德」與「禮」爲其重要的內涵，這種價值體系即成了「夷夏之別」的重要標誌，因此，我們可以說春秋時期的「諸夏意識」當發軔於西周時期，它是經過周人三百年的「文化殖民」下，逐漸「內化」成列國間的一種價值體系，尤其是在「夏人活動的地區或夏文化分布區以及戰略要地」等地方的封國，〔註86〕隨著時間的推移，血緣的「宗法意識」逐漸被「文化意識」所取代，到了春秋時代這些地區的封國由於受到夷狄交侵的威脅，使得潛在的「文化意識」被激發出來，因而遂出現了凝聚封國力量的「諸夏意識」。

雖然作爲周人「文化殖民」手段之一的宗法血緣因素在鞏固西周王室的政權上起了一定的作用，然而隨著「宗法意識」的日漸淡薄，代之而起的「文化意識」卻在周人以「禮制」及「天命」爲兩大要素的「文化殖民」下而日漸深化，因此到了春秋時代，還能藉著霸主喊出「尊王」的口號以維護周王的「尊嚴」，以「攘夷」的口號來捍衛「諸夏」的文化與生存。

不過，「諸夏意識」並沒有形成狹隘的族群意識，反而是擴大了它的影響力與融入更多的成員，如秦、楚、吳、越等國即意欲成爲「諸夏」的一份子。〔註87〕「通過『攘夷』鬥爭、朝享聘盟以及商業往來，在春秋時代規模空前的族落大遷徙和大融合之後，各族人民在犬牙交錯和雜居共處中，消融了因缺乏了解而產生的隔膜，到春秋末年，華夏民族誕生在中原大地上，華夏一體化進程終於有了一個明確的結果，華夏文明的風格也日益顯露出來。」〔註88〕

〔註85〕王仲孚，〈試論春秋時代的諸夏意識〉，頁609～610。

〔註86〕王仲孚，〈試論春秋時代的諸夏意識〉，頁609。

〔註87〕參看王仲孚，〈試論春秋時代的諸夏意識〉，頁608～609。

〔註88〕姜建設，《周秦時代理想國探索》，中州古籍出版社，鄭州，1998年，頁56。

結　論

長期以來，學者在論及西周政治史時，均以周王作為論述的主體，強調王權的興衰演變，卻忽略了封國的主體存在，對於封國的著墨相當有限，這大概是由於受到史料的限制以及史觀立場的影響。除了因史料的缺乏，使得我們無法對當時的封國有比較完整而清楚的認識與了解外，敘史主體對象的不同也會影響到我們對史實的看法。

就以周初所發生最嚴重的一次封國亂事——「三監之亂」為例，傳統史觀均是立足在「周室」的立場來看這件事，認為管叔、蔡叔以及武庚等人「畔周」，於是世人多美稱周公東征之舉。不過，若換個角度以封國的立場來看，則「三監之亂」是否算是「亂」呢？我們看看幾個主要起事者的動機。就武庚言，意在「予復」；〔註1〕而「管叔、蔡叔群弟疑周公」。〔註2〕前者意在「復國」，後者意在「奪權」，就這兩者的動機來看，當然為當政者所不容。因此，在〈大誥〉中反覆以「天命」及「卜吉」等理由來作為東征的號召：

> 越天棐忱，爾時罔敢易法，矧今天降戾于周邦？惟大艱人，誕鄰胥伐于厥室；爾亦不知天命不易。予永念曰，天惟喪殷；若穡夫，予曷敢不終朕畝？天亦惟休于前寧人，予曷其極卜？敢弗于從，率寧人有指疆土？矧今卜並吉？肆朕誕以爾東征，天命不僭，卜陳惟若茲。〔註3〕

從以上所述可以看出，王室與封國各有其出兵的理由與訴求，最後彼此只有

〔註1〕見《尚書・大誥》，《十三經注疏》本，頁191。

〔註2〕《史記・周本紀》，頁132。

〔註3〕《尚書・大誥》，《十三經注疏》本，頁194。

訴諸「武力」以決定誰才能擁有眞正的天命。因此，當我們在看待西周王室與封國間的關係時，若從「封國」的角度來看，則整個事情將會呈現不同的面貌，如「三監之亂」即可視爲周初封國一種「外自主」的高度表現，不過，經過周公東征之後，封國以武力來表現高度「外自主」的情形在西周一朝已不復見。

大致來說，西周中後期的封國在內政上都能維持穩定而高度的「內自主」，如君位的繼承、土地的控制權等，但「外自主」卻隨著王室的盛衰而有所變化，不過，在幽王被弒之前，並不見封國如周初三監般地聯合起來以武力來挑戰王權，當時諸侯不朝、擁立周王及代行國政，算是西周中後期封國高度的「外自主」表現，但這都不是常態，儘管周王的威信受到相當的影響但也還能維持一定的尊嚴，而幽王被弒，可視爲封國「外自主」的一種突破性的改變，由此也反映了周王的威信已面臨了前所未有的嚴重危機，從此以後，隨著周王與封國間實力的消長，宗法意識的日漸淡薄，封國的「外自主」性相較於西周時期更加地高張，春秋時期已成爲封國各擅勝場的時代了。

雖然西周至春秋時期，封國自主性的地位日益高張，但春秋時期的周王卻至少還能在「尊王」的大旗下維持其名義上的「共主」地位，仍具有封建王權的象徵，這大概跟周人的封建體制具有「文化殖民」的特性有關。周人文化殖民的兩大要素是「天命」與「周禮」，在這些因素的長期影響下，使得西周的封國逐漸形成一種「文化共同體」，春秋時代的封國即在這種文化共同體的基礎下，因著戎狄的交侵而激發出「攘夷」的「諸夏意識」；同時，這種「文化意識」也取代了「宗法意識」，因此遂有屬於「非諸姬」的齊桓公號召「諸夏」來共同「尊王」，以維護周天子的地位。這些情形，都是植基於西周時代的「文化殖民」。

另外，吾人常謂春秋時代「禮崩樂壞」，其實況眞是如此嗎？孔子在《論語・季氏》篇中有謂：「天下有道，則禮樂征伐自天子出；天下無道，則禮樂征伐自諸侯出。」〔註4〕從孔子所言來看，其實周人所創制的禮樂制度到了春秋時代並沒有眞正的「崩壞」，只是諸侯僭越了禮樂，破壞了禮樂尊卑等級的精神，所以孔子才有「禮樂征伐自諸侯出」之語，這意謂著禮樂文化的形式仍被傳承下來，並沒有眞正的消失，「春秋戰國時期的『禮崩樂壞』只是禮發展中的一個階段，並不是禮本身的廢棄。因爲禮賴以存在的社會土壤依然存

〔註4〕《論語・季氏》，《新編諸子集成》本，頁354。

在。」〔註5〕這是吾人所應該注意的。因此，從這裡我們可以看出春秋時代「禮未崩樂未壞」，在周人「文化殖民」的影響下，「周文化」已逐漸內化成列國共同的「文化意識」，到了春秋時代仍繼續被傳承、發展，而當時「諸夏」的「攘夷」行動，不就是捍衛由周人所損益於二代的「禮樂文明」的一種表現嗎？

從以上所述可以看出，在周人「文化殖民」的作用下，使得西周的封建制度遂具有「分化」及「同化」的兩大功用，「所謂分化者，謂將同一的精神及組織，分布於各地，使各因其環境，以盡量的自由發展。」「所謂同化者，謂將許多異質的低度文化，醇化於一高度文化總體之中，以形成大民族意識。」〔註6〕因此，在周人封建「文化殖民」的影響下，中原地區的封國雖然是一個個「自主」的政治體，但卻又是相互「交融」的文化體，這對促進華夏民族的形成與擴大起了相當大的作用。

〔註5〕劉澤華，〈先秦禮論初探〉，《二十世紀中國禮學研究論集》，學苑出版社，北京，1998年，頁73。

〔註6〕梁啓超，《先秦政治思想史》，東方出版社，北京，1996年，頁50。

附錄　徵引彝銘拓本

圖一　小臣俞尊

資料來源：馬承源主編，《商周青銅器銘文選》第一卷，
北京：文物出版社，1986年8月，下同。

圖二　小子𡩜卣

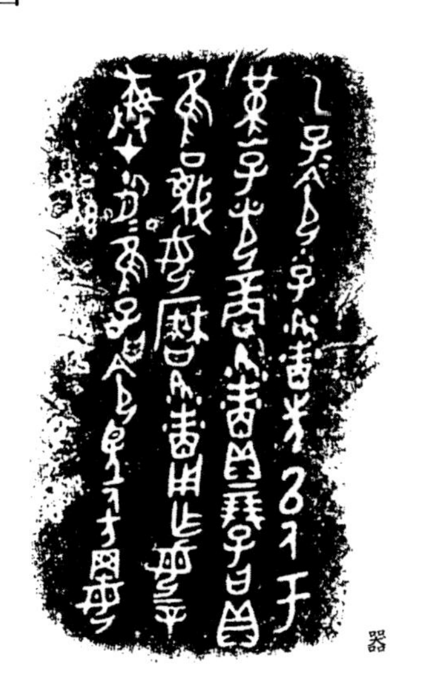

器

蓋

圖三　作冊般甗

圖四　塱方鼎

圖五　禽　簋

圖六　保　卣

蓋

器

圖七　大保簋

圖八　宜侯夨簋

圖九　魯侯尊

圖十　大盂鼎之一

圖十　大盂鼎之二

圖十一　小盂鼎之一

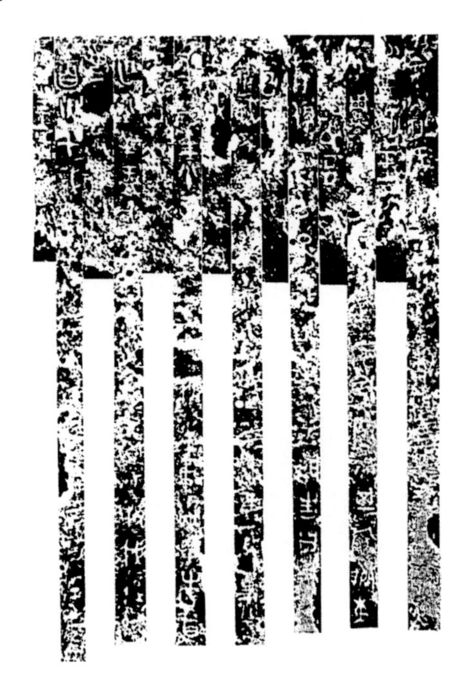

圖十一　小盂鼎之二

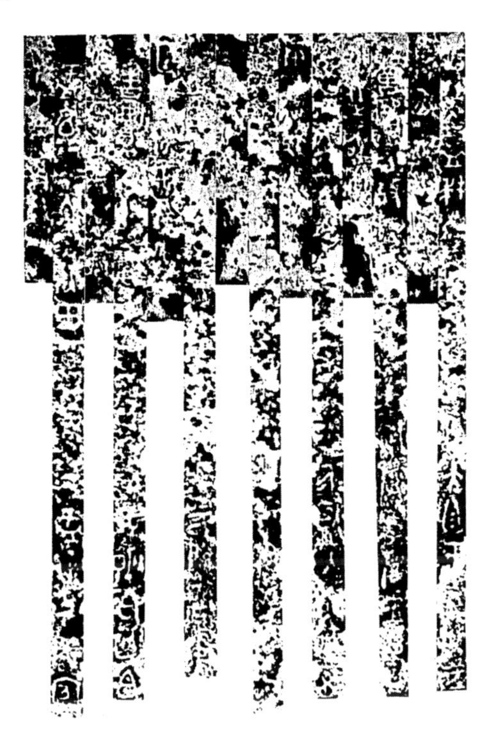

圖十二　邢侯簋

圖十三　麥方尊

圖十四　小臣謎簋

蓋

器

圖十五　雪　鼎

圖十六　疐　鼎

圖十七　夨王方鼎蓋

圖十八　夨王壺

蓋

器

圖十九　同　卣

蓋

器

圖二十　班　簋

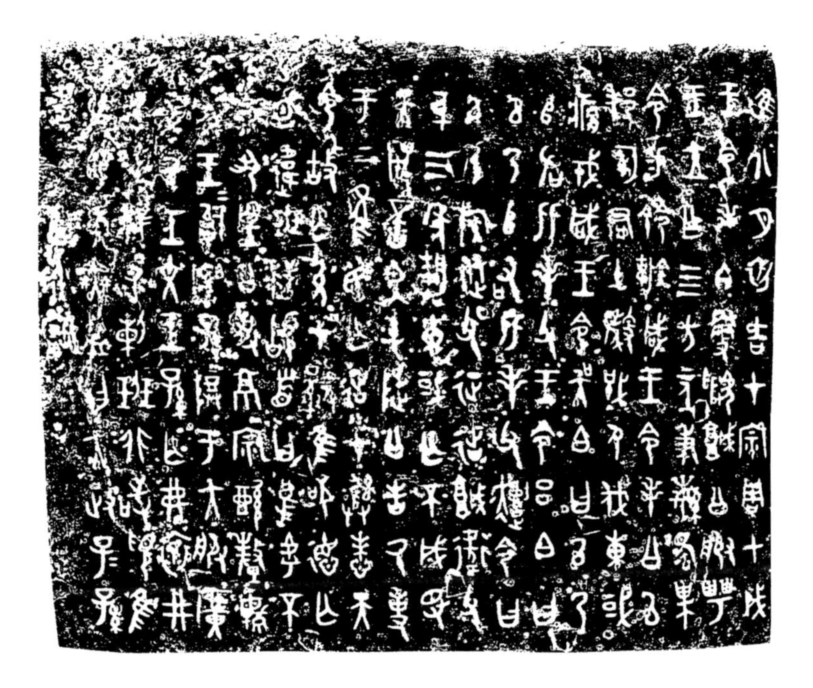

圖二一　彔伯𢦚簋

圖二二　伯𢦚簋

圖二三　乖伯簋

圖二四　𩵦仲壺

蓋

器

圖二五　應侯見工鐘

甲

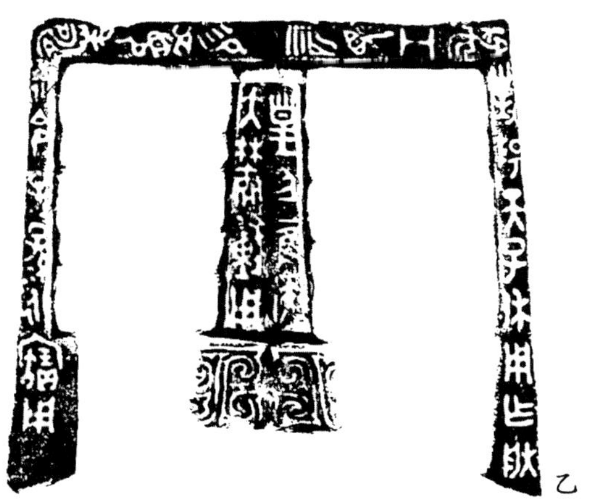
乙

圖二六　番生簋蓋

圖二七　蔡姞簋

圖二八　㝬叔鼎

圖二九　矢伯隻卣

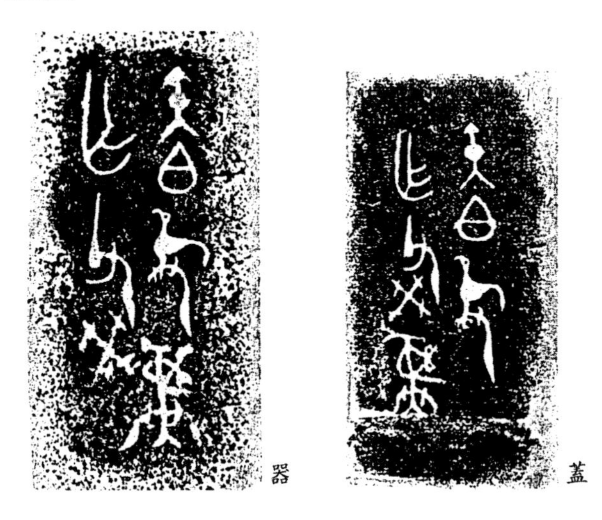

器　蓋

圖三十　虢叔旅鐘

2　　1

圖三一　散　盤

0 1 2 3 4 5厘米

圖三二　曾伯陭壺之一

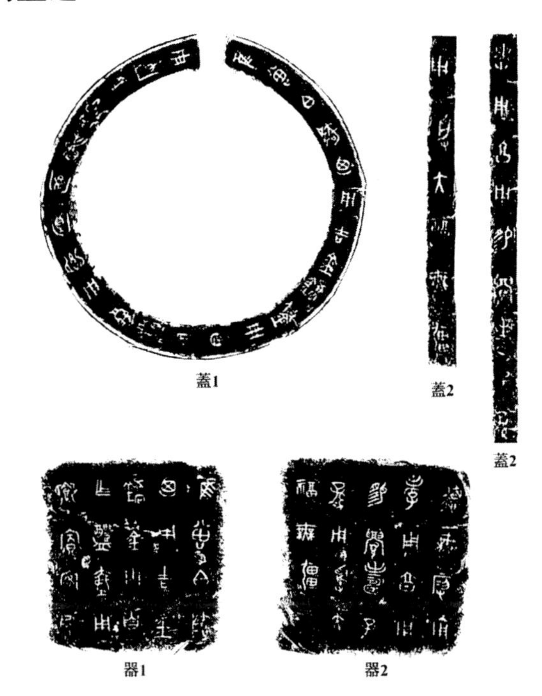

圖三二　曾伯陭壺之二

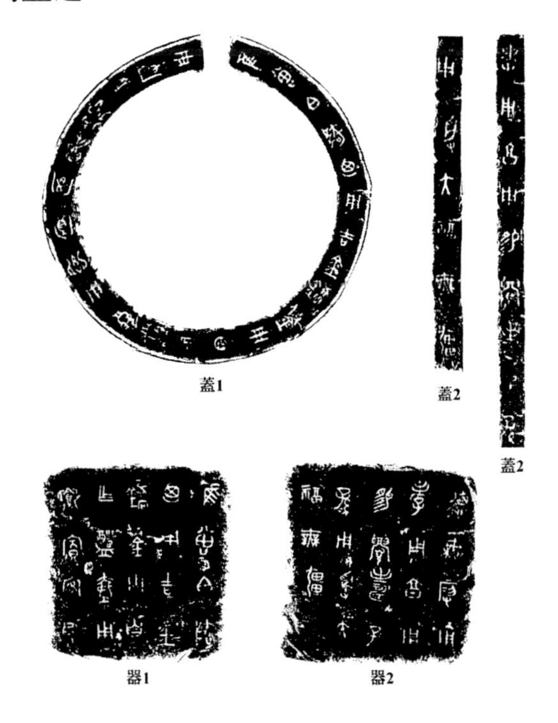

圖三三　呂王鬲

圖三四　呂王壺

圖三五　杜伯簋

甲

乙

參考書目

一、文獻（依四部順序排列）

1. 漢・孔安國傳、唐・孔穎達等疏，《尚書正義》，《十三經注疏》本，台北：藝文印書館，民國 86 年 8 月。
2. 漢・伏生《尚書大傳》，《四庫叢刊正編》本，台北：台灣商務印書館，民國 68 年 11 月。
3. 漢・毛亨傳、鄭玄箋、唐・孔穎達疏，《毛詩正義》，《十三經注疏》本，台北：藝文印書館，民國 86 年 8 月。
4. 宋・朱熹，《詩經集傳》，台北：學海出版社，民國 81 年 10 月。
5. 清・王先謙撰《詩三家義集疏》，台北：明文書局，民國 77 年 10 月。
6. 漢・鄭玄注、唐・賈公彥疏，《周禮注疏》，《十三經注疏》本，台北：藝文印書館，民國 86 年 8 月。
7. 漢・鄭玄注、唐・賈公彥疏，《儀禮注疏》，《十三經注疏》本，台北：藝文印書館，民國 86 年 8 月。
8. 漢・鄭玄注、唐・孔穎達疏，《禮記正義》，《十三經注疏》本，台北：藝文印書館，民國 86 年 8 月。
9. 晉・杜預注、唐・孔穎達疏，《春秋左傳正義》，《十三經注疏》本，台北：藝文印書館，民國 86 年 8 月。
10. 漢・何休解詁、唐・徐彥疏，《春秋公羊傳注疏》，《十三經注疏》本，台北：藝文印書館，民國 86 年 8 月。
11. 晉・范甯集解、唐・楊士勛疏，《春秋穀梁傳注疏》，《十三經注疏》本，台北：藝文印書館，民國 86 年 8 月。
12. 清・顧棟高，《春秋大事表》，台北：廣學社印書館，民國 64 年 9 月。
13. 清・姚彥渠，《春秋會要》，北京：中華書局，1998 年 11 月。

14. 清・劉寶楠、劉恭冕撰，《論語正義》，《新編諸子集成》本，台北：世界書局，民國 80 年 5 月新五版。
15. 清・焦循、焦琥撰，《孟子正義》，《新編諸子集成》本，台北：世界書局，民國 80 年 5 月新五版。
16. 宋・朱熹集註、蔣伯潛廣解，《語譯廣解四書讀本》，台北：啓明書局，未刊出版年。
17. 清・朱右曾撰，《逸周書集訓校釋》，台北：世界書局，民國 46 年 1 月。
18. 楊家駱主編，《竹書紀年八種》，台北：世界書局，民國 78 年 4 月四版。
19. 上海師範大學古籍整理研究所校點，《國語》，上海：上海古籍出版社，1995 年 5 月。
20. 漢・司馬遷，《史記》，台北：鼎文書局，民國 82 年 2 月七版。
21. 漢・班固，《漢書》，台北：鼎文書局，民國 80 年 9 月七版。
22. 漢・趙曄，《吳越春秋》，台北：世界書局，民國 69 年 3 月再版。
23. 漢・袁康，《越絕書》，台北：世界書局，民國 70 年 5 月三版。
24. 南朝宋・范曄，《後漢書》，台北：鼎文書局，民國 80 年 9 月六版。
25. 唐・楊倞注、清・王先謙集解，《荀子集解》，《新編諸子集成》本，台北：世界書局，民國 80 年 5 月新五版。
26. 清・孫詒讓撰，《墨子閒詁》，《新編諸子集成》本，台北：世界書局，民國 80 年 5 月新五版。
27. 唐・尹知章注、清・戴望校正，《管子校正》，《新編諸子集成》本，台北：世界書局，民國 80 年 5 月新五版。
28. 漢・高誘注、清・畢沅校，《呂氏春秋新校正》，《新編諸子集成》本，台北：世界書局，民國 80 年 5 月新五版。
29. 清・顧炎武著、黃汝成集釋，《日知錄集釋》，長沙：岳麓書社，1996 年 2 月。
30. 清・崔述，《考信錄》，台北：世界書局，民國 78 年 4 月四版。

二、金文著錄及考釋書籍（依發表時間先後排列）

1. 于省吾，《雙劍誃吉金文選》，北京：中華書局，1932 年初版，1998 年 9 月重印第一版。
2. 郭沫若，《兩周金文辭大系考釋》，上海：上海書店出版社，1935 年初版，1999 年 7 月重印第一版。
3. 楊樹達，《積微居金文說》，北京：中華書局，1959 年初版，1997 年 12 月重印第一版。
4. 周法高編，《金文詁林》，香港：香港中文大學，民國 63 年。

5. 周法高編，《金文詁林補》，台北：中央研究院歷史語言研究所，民國71年5月。
6. 中國社會科學院考古研究所編，《殷周金文集成》第一冊～第十八冊，北京：中華書局，1984年8月～1994年12月。
7. 馬承源主編，《商周青銅器銘文選》第一卷，北京：文物出版社，1986年8月。
8. 馬承源主編，《商周青銅器銘文選》第三卷，北京：文物出版社，1988年4月。
9. 馬承源主編，《商周青銅器銘文選》第四卷，北京：文物出版社，1990年4月。
10. 陳邦懷，《嗣樸齋金文跋》，香港：香港中文大學中國文化研究所，1993年9月。

三、專書（依發表時間先後排列）

1. 梁啓超，《先秦政治思想史》，北京：東方出版社，1922年12月初版，1996年3月重印第一版。
2. 瞿同祖，《中國封建社會——周代社會組織》，台北：里仁書局，民國25年10月初版，民國86年4月重印初版三刷。
3. 錢穆，《國史大綱》，台北：台灣商務印書館，民國29年6月初版，民國76年5月修訂十四版。
4. 張蔭麟，《中國上古史綱》，台北：里仁書局，民國30年3月初版，民國71年9月重印本。
5. 胡厚宣，《甲骨學商史論叢初集（上）（下）》，成都：齊魯大學國學研究所，民國33年3月初版，台北大通書局影印本。
6. 胡厚宣，《甲骨學商史論叢續集（全）》，成都：齊魯大學國學研究所，民國34年3月初版，台北大通書局影印本。
7. 李宗桐，《中國古代社會史》，台北：中國文化大學出版部，民國43年7月初版，民國76年6月四版。
8. 郭沫若，《中國古代社會研究》，北京：人民出版社，1964年10月。
9. 程發軔，《春秋左氏傳地名圖考》，台北：廣文書局，民國56年11月。
10. 王夢旦編，《金文論文選》，香港：諸大書店，1968年7月。
11. 徐復觀，《中國人性論史——先秦篇》，台北：台灣商務印書館，1969年1月初版，1994年4月初版第十一次印刷。
12. 童書業，《春秋史》，台北：台灣開明書店，民國58年9月台一版，民國67年11月台四版。
13. 王夢鷗，《禮記今註今譯》，台北：台灣商務印書館，1970年1月初版，

1998 年 9 月修訂版。

14. 陳槃，《不見于春秋大事表之春秋方國稿》，台北：中央研究院歷史語言研究所，民國 59 年 12 月初版，民國 71 年 11 月再版。
15. 陳夢家、丁山，《卜辭綜述．甲骨文所見氏族及其制度》（合訂本），台北：大通書局，民國 60 年 5 月。
16. 徐復觀，《兩漢思想史——周秦漢政治社會結構之研究》，台北：台灣學生書局，民國 61 年 3 月初版，民國 79 年 2 月七版。
17. 李漁叔，《墨子今註今譯》，台北：台灣商務印書館，1974 年 5 月初版，1997 年 7 月初版第八次印刷。
18. 王恢，《中國歷史地理》，台北：世界書局，民國 64 年 7 月。
19. 日．島邦男撰、溫天河、李壽林譯，《殷墟卜辭研究》（中譯本），台北：鼎文書局，民國 64 年 12 月。
20. 黃俊傑，《春秋戰國時代尚賢政治的理論與實務》，台北：問學出版社，民國 66 年 9 月。
21. 吳璵，《新譯尚書讀本》，台北：三民書局，民國 66 年 11 月初版，民國 77 年 3 月五版。
22. 杜正勝，《周代城邦》，台北：聯經出版事業公司，1979 年 1 月初版，1998 年 4 月初版第四刷。
23. 楊伯峻，《春秋左傳注》，北京：中華書局，1981 年 3 月第一版，1995 年 10 月第二版第五次印刷。
24. 高亨，《詩經今注》，台北：里仁書局，民國 70 年 5 月。
25. 葉達雄，《西周政治史研究》，台北：明文書局，民國 71 年 12 月。
26. 裴普賢，《詩經評註讀本》，台北：三民書局，民國 72 年 1 月初版，民國 83 年 8 月六版。
27. 屈萬里，《尚書集釋》，台北：聯經出版事業公司，民國 72 年 2 月初版，民國 83 年 11 月初版第三刷。
28. 屈萬里，《詩經詮釋》，台北：聯經出版事業公司，1983 年 2 月初版，1998 年 1 月初版第十一刷。
29. 許倬雲，《西周史》，台北：聯經出版事業公司，民國 73 年 10 月。
30. 林品石，《呂氏春秋今註今譯》，台北：台灣商務印書館，1985 年 2 月初版，1996 年 10 月初版第六次印刷。
31. 容庚、張維持，《殷周青銅器通論》，台北：康橋出版事業有限公司，民國 75 年 5 月。
32. 高木森，《西周青銅彝器彙考》，台北：中國文化大學出版部，民國 75 年 7 月。

33. 日·瀧川龜太郎，《史記會注考證》，台北：洪氏出版社，民國75年9月。
34. 張正明，《楚文化史》，上海：上海人民出版社，1987年8月第一版，1996年3月第四次印刷。
35. 楊向奎，《宗周社會與禮樂文明》，北京：人民出版社，1987年8月初版，1997年11月第二版。
36. 丁山，《甲骨文所見氏族及其制度》，北京：中華書局，1988年4月重印新一版，1999年8月第二次印刷。
37. 日·白川靜著、溫天河、蔡哲茂合譯，《金文的世界：殷周社會史》，台北：聯經出版事業公司，民國78年8月。
38. 王貴民，《商周制度考信》，台北：明文書局，民國78年12月。
39. 王恢，《史記本紀地理圖考》，台北：國立編譯館，民國79年7月。
40. 李炳海，《周代文藝思想概觀》，長春：東北師範大學出版社，1993年6月。
41. 丁驌，《夏商史研究》，台北：藝文印書館，民國82年9月。
42. 郭克煜等著，《魯國史》，北京：人民出版社，1994年12月。
43. 何光岳，《中原古國源流史》，南寧：廣西教育出版社，1995年4月。
44. 朱鳳瀚，《古代中國青銅器》，天津：南開大學出版社，1995年6月。
45. 黃然偉，《殷周史料論集》，香港：三聯書店，1995年10月。
46. 劉清河、李銳，《先秦禮樂》，台北：雲龍出版社，1995年10月。
47. 李福泉，《先秦文化史》，長沙：岳麓書社，1996年2月。
48. 陳來，《古代宗教與倫理——儒家思想的根源》，北京：三聯書店，1996年3月。
49. 何懷宏，《世襲社會及其解體——中國歷史上的春秋時代》，北京：三聯書店，1996年4月。
50. 謝維揚，《中國早期國家》，杭州：浙江人民出版社，1996年4月。
51. 晁福林，《夏商西周的社會變遷》，北京：北京師範大學出版社，1996年6月。
52. 謝謙，《中國古代宗教與禮樂文化》，成都：四川人民出版社，1996年7月。
53. 田繼周，《先秦民族史》，成都：四川民族出版社，1996年8月。
54. 馬承源主編，《中國青銅器》，上海：上海古籍出版社，1996年10月。
55. 錢玄，《三禮通論》，南京：南京師範大學出版社，1996年10月。
56. 李朝遠，《西周土地關係論》，上海：上海人民出版社，1997年1月。
57. 張之恒、周裕興，《夏商周考古》，南京：南京大學出版社，1997年2月。

58. 楊華，《先秦禮樂文化》，漢口：湖北教育出版社，1997年3月。
59. 張榮明，《殷周政治與宗教》，台北：五南圖書出版有限公司，民國86年5月。
60. 林尹，《周禮今註今譯》，台北：台灣商務印書館，1997年6月。
61. 巴新生，《西周倫理形態研究》，天津：天津古籍出版社，1997年8月。
62. 李元慶，《三晉古文化源流》，太原：山西古籍出版社，1997年8月。
63. 謝崇安，《商周藝術》，成都：巴蜀書社，1997年8月。
64. 何光岳，《周源流史》，南昌：江西教育出版社，1997年12月。
65. 李民、張國碩，《夏商周三族源流探索》，鄭州：河南人民出版社，1998年4月。
66. 鄒衡，《夏商周考古學論文集（續集）》，北京：科學出版社，1998年4月。
67. 王宇信，《中國小通史——西周》，北京：中國青年出版社，1998年5月。
68. 王德培，《西周封建制考實》，北京：光明日報出版社，1998年7月。
69. 王愼行，《古文字與殷周文明》，西安：陝西人民教育出版社，1998年8月。
70. 葛志毅、張惟明，《先秦兩漢的制度與文化》，哈爾濱：黑龍江教育出版社，1998年8月。
71. 姜建設，《周秦時代理想國探索》，鄭州：中州古籍出版社，1998年9月。
72. 徐中舒主編，《甲骨文字典》，成都：四川辭書出版社，1998年10月。
73. 高光晶，《中國國家起源及形成》，長沙：湖南人民出版社，1998年11月。
74. 李學勤主編，《中國古代文明與國家形成研究》，昆明：雲南人民出版社，1998年12月。
75. 杜勇，《尚書周初八誥研究》，北京：中國社會科學出版社，1998年12月。
76. 汪中文，《西周冊命金文所見官制研究》，台北：國立編譯館，民國88年4月。
77. 楊寬，《西周史》，台北：台灣商務印書館，1999年4月。
78. 劉紅星，《先秦與古希臘：中西文化之源》，上海：上海古籍出版社，1999年7月。
79. 王宇信，《甲骨學通論》，台北：中國社會科學出版社，1999年8月。
80. 王宇信、楊升南主編，《甲骨學一百年》，北京：社會科學文獻出版社，1999年9月。

81. 李孟存、李尚師，《晉國史》，太原：山西古籍出版社，1999年9月。
82. 李玉潔，《中國早期國家性質——中國古代王權和專制主義研究》，開封：河南大學出版社，1999年10月。
83. 徐良高，《中國民族文化源新探》，北京：社會科學文獻出版社，1999年11月。
84. 周有光，《漢字和文化問題》，瀋陽：遼寧人民出版社，2000年1月。
85. 周書燦，《西周王朝經營四土研究》，鄭州：中州古籍出版社，2000年4月。
86. 王暉，《商周文化比較研究》，北京：人民出版社，2000年5月。
87. 鄒昌林，《中國禮文化》，北京：社會科學文獻出版社，2000年5月。
88. 王健，《西周政治地理結構研究》，鄭州：中州古籍出版社，2004年5月。
89. 任偉，《西周封國考疑》，北京：社會科學文獻出版社，2004年8月。
90. 王保國，《兩周民本思想研究》，北京：學苑出版社，2004年12月。
91. 葛志毅，《周代分封制度研究》，哈爾濱：黑龍江人民出版社，2005年1月。
92. 于俊德、于祖培，《先周歷史文化新探》，蘭州：甘肅人民出版社，2005年11月。
93. 高兵，《周代婚姻形態研究》，成都：巴蜀書社，2007年6月。

四、期刊論文（依發表時間先後排列）

1. 王國維，〈古諸侯稱王說〉，收於《王觀堂先生全集》冊四，台北：文華出版公司，民國57年3月（原載《國學叢刊》十二，民國4年）。
2. 王國維，〈殷周制度論〉，《王觀堂先生全集》冊二，台北：文華出版公司，民國57年3月（原載《學術叢編》二十，民國6年）。
3. 徐中舒，〈從古書中推測之殷周民族〉，收於《徐中舒歷史論文選集》，北京：中華書局，1998年9月（原載《國學論叢》第一卷第一號，1927年6月）。
4. 余永梁，〈易卦爻辭的時代及其作者〉，《古史辨》第三冊，台北：藍燈文化事業股份有限公司，民國82年8月二版（原載《中央研究院歷史語言研究所集刊》第一本第一分，民國17年10月）。
5. 丁山，〈召穆公傳〉，《中央研究院歷史語言研究所集刊》第二本第一分，台北：中央研究院歷史語言研究所，民國60年1月再版（民國19年初版）。
6. 傅斯年，〈論所謂「五等爵」〉，《中央研究院歷史語言研究所集刊》第二本第一分，台北：中央研究院歷史語言研究所，民國60年1月再版（民國19年初版）。

7. 傅斯年，〈大東小東說〉，《中央研究院歷史語言研究所集刊》第二本第一分，台北：中央研究院歷史語言研究所，民國 60 年 1 月再版（民國 19 年初版）。
8. 錢穆，〈周初地理考〉，收於《古史地理論叢》，台北：三民書局，民國 71 年 7 月（原載《燕京學報》第十期，民國 20 年 12 月）。
9. 傅斯年，〈周東封與殷遺民〉，《中央研究院歷史語言研究所集刊》第四本第三分，台北：中央研究院歷史語言研究所，民國 60 年 1 月再版（民國 23 年初版）。
10. 張蔭麟，〈周代的封建社會〉，《清華學報》第十卷第四期，北平：國立清華大學出版事務所，民國 24 年 10 月。
11. 董作賓，〈五等爵在殷商〉，《中央研究院歷史語言研究所集刊》第六本第三分，台北：中央研究院歷史語言研究所，民國 61 年 1 月再版（民國 25 年初版）。
12. 曾謇，〈周代非封建社會論〉，《食貨》第三卷第十期，上海：新生命書局，民國 25 年 4 月。
13. 齊思和，〈封建制度與儒家思想〉，《燕京學報》第二十二期，北平：哈佛燕京學社，民國 26 年 12 月。
14. 徐中舒，〈關於銅器之藝術〉，收於《徐中舒歷史論文選集》，北京：中華書局，1998 年 9 月（原載《中國藝術論叢》，1938 年）。
15. 齊思和，〈西周地理考〉，《燕京學報》第三十期，北平：燕京大學出版社，民國 35 年 6 月。
16. 石璋如，〈傳說中周都的實地考察〉，《中央研究院歷史語言研究所集刊》第二十本下冊，台北：中央研究院歷史語言研究所，民國 61 年 1 月再版（民國 37 年初版未及發行）。
17. 嚴一萍，〈夏商周文化異同考〉，《大陸雜誌特刊》第一輯，台北：大陸雜誌社，民國 41 年 7 月。
18. 楊希枚，〈《左傳》「因生以賜姓」解與「無駭卒」故事的分析〉，收於《先秦文化史論集》，北京：中國社會科學出版社，1995 年 8 月（原載《中央研究院院刊》第一輯，民國 43 年）。
19. 屈萬里，〈周誥十二篇中的政治思想〉，收於《屈萬里先生文存》第一冊，台北：聯經出版事業公司，民國 74 年 2 月（原載《中國政治思想與制度史論集》，民國 43 年 11 月）。
20. 楊希枚，〈先秦賜姓制度理論的商榷〉，收於《先秦文化史論集》，北京：中國社會科學出版社，1995 年 8 月（原載《中央研究院歷史語言研究所集刊》第二十六本，民國 44 年）。
21. 李宗侗，〈封建的解體〉，《台大文史哲學報》第十五期，台北：國立台灣大學出版委員會，民國 55 年。

22. 屈萬里，〈東西周之際的詩篇所反映的民生及政治情況〉，收於《屈萬里先生文存》第一冊，台北：聯經出版事業公司，民國 74 年 2 月（原載《臺大青年》57 年三期，民國 57 年 6 月）。
23. 許倬雲，〈周人的興起及周文化的基礎〉，收於《求古編》，台北：聯經出版事業公司，民國 73 年 3 月再版（原載《中央研究院歷史語言研究所集刊》第三十八本第二分，民國 57 年）。
24. 屈萬里，〈西周史事概述〉，《中央研究院歷史語言研究所集刊》第四十二本第四分，台北：中央研究院歷史語言研究所，民國 60 年 12 月。
25. 張長傑，〈殷周銅器形制與圖紋的研究〉，《雄獅美術》第四十五期，台北：雄獅美術月刊社，民國 63 年 11 月。
26. 杜正勝，〈周代的武裝殖民與邦國——周代城邦的社會基礎之一〉，《大陸雜誌》第四十九卷第六期，台北：大陸雜誌社，民國 63 年 12 月。
27. 楊亮功，〈周代封建制度對於政治文化所生的影響〉，《大陸雜誌》第五十七卷第六期，台北：大陸雜誌社，民國 67 年 12 月。
28. 顧頡剛，〈「周公制禮」的傳說和《周官》一書的出現〉，收於陳其泰等編《二十世紀中國禮學研究論集》，北京：學苑出版社，1998 年 6 月（原載《文史》第六輯，1979 年）。
29. 陳錦忠，〈西周史官制度成立的背景與基礎——兼論西周封建政治的基本性格〉，《東海大學歷史學報》第三期，台中：東海大學歷史研究所歷史學系，民國 68 年 7 月。
30. 杜正勝，〈周代封建的建立〉，《中央研究院歷史語言研究所集刊》第五十本第三分，台北：中央研究院歷史語言研究所，民國 68 年 9 月。
31. 杜正勝，〈西周封建特質——兼論夏政、商政與戎索、周索〉，《食貨月刊》第九卷五、六合期，台北：食貨月刊社，民國 68 年 9 月。
32. 杜正勝，〈周代封建制度的社會結構〉，《中央研究院歷史語言研究所集刊》第五十本第三分，台北：中央研究院歷史語言研究所，民國 68 年 9 月。
33. 徐錫台，〈早周文化的特點及其淵源的探索〉，《文物》1979 年第十期，北京：文物出版社，1979 年 10 月。
34. 張光直，〈殷周關係的再檢討〉，收於《中國青銅時代》，台北：聯經出版事業公司，民國 72 年 4 月（原載《中央研究院歷史語言研究所集刊》第五十一本第二分，民國 69 年 6 月）。
35. 朱鴻，〈論魯國「一生一及」的君位繼承制度〉，《國立台灣師範大學歷史學報》第九期，台北：國立台灣師範大學歷史研究所．歷史學系，民國 70 年 5 月。
36. 陳全方，〈陝西岐山鳳雛村西周甲骨文概論〉，收於《古文字研究論集》，成都：四川大學，1982年。

37. 徐中舒、唐嘉弘，〈論殷周的外服制——關於中國奴隸制和封建制分期的問題〉，收於《徐中舒歷史論文選集》，北京：中華書局，1998年9月（原載《人文雜誌》增刊《先秦史論文集》，1982年5月）。
38. 徐中舒，〈周原甲骨初論〉，收於《徐中舒歷史論文選集》，北京：中華書局，1998年9月（原載《四川大學學報叢刊》第十輯《古文字研究論文集》，1982年5月）。
39. 王仲孚，〈殷商覆亡原因試釋〉，收於《中國上古史專題研究》，台北：五南圖書出版有限公司，民國85年12月（原載《國立台灣師範大學歷史學報》第十期，民國71年6月）。
40. 杜正勝，〈略論殷遺民的遭遇與地位〉，《中央研究院歷史語言研究所集刊》第五十三本第四分，台北：中央研究院歷史語言研究所，民國71年12月。
41. 沈恆春，〈宗法制度研究〉，《國立台灣師範大學國文研究所集刊》第二十七號，台北：國立台灣師範大學，民國72年6月。
42. 張光直，〈夏商周三代都制與三代文化異同〉，收於《中國青銅時代（第二集）》，台北：聯經出版事業公司，民國79年11月（原載《中央研究院歷史語言研究所集刊》第五十五本第一分，民國73年3月）。
43. 楊善群，〈關於西周分封制的幾個問題〉，《複印報刊資料——先秦、秦漢史》，北京：中國人民大學書報資料社，1984年7月。
44. 侯家駒，〈周禮中的政治思想及制度〉，《幼獅學誌》第十八卷第二期，台北：幼獅文化事業公司，民國73年10月。
45. 黃中業，〈西周分封制是國家政體說〉，《史學月刊》1985年第二期，鄭州：河南人民出版社，1985年3月。
46. 陳槃，〈列國簡考〉，《中國上古史待定稿》第三本，台北：中央研究院歷史語言研究所，民國74年4月。
47. 張秉權，〈殷代的祭祀與巫術〉，《中國上古史待定稿》第二本，台北：中央研究院歷史語言研究所，民國74年4月。
48. 張秉權，〈卜辭中所見殷商政治統一的力量及其達到的範圍〉，《中國上古史待定稿》第二本，台北：中央研究院歷史語言研究所，民國74年4月。
49. 饒宗頤，〈天神觀與道德思想〉，《中國上古史待定稿》第四本，台北：中央研究院歷史語言研究所，民國74年4月。
50. 饒宗頤，〈神道思想與理性主義〉，《中國上古史待定稿》第四本，台北：中央研究院歷史語言研究所，民國74年4月。
51. 李學勤，〈西周時期的諸侯國青銅器〉，收於《新出青銅器研究》，北京：文物出版社，1990年6月（原載《中國社會科學院研究生院學報》1985

年第六期，1985 年)。

52. 唐嘉弘，〈試談周王和楚君的關係——讀周原甲骨「楚子來告」札記〉，《文物》1985 年第七期，北京：文物出版社，1985 年 7 月。
53. 徐中舒，〈殷周文化之蠡測〉，《上古史論》，台北：天山出版社，民國 75 年 2 月。
54. 劉澤華，〈先秦禮論初探〉，收於陳其泰等編《二十世紀中國禮學研究論集》，北京：學苑出版社，1998 年 6 月(原載《中國文化研究集刊》，1987 年)。
55. 胡謙盈，〈太王以前的周史管窺——周族起源探索之三〉，收於《胡謙盈周文化考古研究選集》，成都：四川大學出版社，2000 年 2 月(原載《考古與文物》1987 年第一期)。
56. 郝鐵川，〈周朝國家結構考述〉，《華東師大》1987 年第二期，上海：華東師範大學出版社，1987 年 4 月。
57. 章景明，〈周人宗法制度考〉，《幼獅學誌》第十九卷第三期，台北：幼獅文化事業公司，民國 76 年 5 月。
58. 尹建中，〈試擬我國民族文化變遷融合的模型〉，《人文學報》第十二期，台北：中華民國人文科學研究會，民國 76 年 6 月。
59. 邵望平，〈《禹貢》九州的考古學研究——兼說中國古代文明的多源性〉，《九州學刊》第二卷第一期，香港：香港中華文化促進中心出版，1987 年 9 月。
60. 匡亞明，〈西周領主制封建社會的主要特徵〉，《複印報刊資料——先秦、秦漢史》，北京：中國人民大學書報資料社，1987 年 10 月。
61. 李家樹，〈從「詩經」看西周末年以迄春秋中葉期間分封制、宗法制、井田制的動搖〉，《香港中文大學中國文化研究所學報》第十九卷，香港：香港中文大學中國文化研究所，民國 77 年。
62. 江鴻，〈試解「井田、邑、封建」之謎〉，《東方雜誌》第二十一卷第八期、第九期，台北：台灣商務印書館，民國 77 年 2 月、3 月。
63. 黃耀能，〈周代土地制度的演變及其歷史意義〉，《國立成功大學歷史語言研究所論文集》第一號，台南：國立成功大學歷史語言研究所，民國 77 年 3 月。
64. 許倬雲，〈尋索中國歷史發展的軌跡〉，《九州學報》第二卷第三期，香港：香港中華文化促進中心，1988 年 4 月。
65. 王宇信，〈周原廟祭甲骨「周方伯」辨析〉，《文物》1988 年第六期，北京：文物出版社，1988 年 6 月。
66. 葉達雄，〈西周土地制度探研〉，《國立台灣大學歷史學系學報》第十四期，台北：國立台灣大學歷史學系，民國 77 年 7 月。

67. 王仲孚，〈試論春秋時代的諸夏意識〉，收於《中國上古史專題研究》，台北：五南圖書出版有限公司，民國 85 年 12 月（原載《第二屆國際漢學會議論文集：歷史與考古組》上冊，民國 78 年）。
68. 梁國眞，〈論商代的王位繼承制度〉，《中國歷史學會史學集刊》第二十一期，台北：中國歷史學會，民國 78 年 7 月。
69. 田昌五，〈周原出土甲骨中反映的商周關係〉，《文物》1989 年第十期，北京：文物出版社，1989 年 10 月。
70. 胡謙盈，〈淺談先周文化分布與傳說中的周都——周族起源探索之三〉，收於《胡謙盈周文化考古研究選集》，成都：四川大學出版社，2000 年 2 月（原載《華夏文明》二集，1990 年）。
71. 晁福林，〈論殷代神權〉，《中國社會科學》1990 年第一期，北京：中國社會科學出版社，1990 年。
72. 夏含夷，〈簡論《保卣》的作者問題〉，收於《溫故知新錄——商周文化史管見》，台北：稻禾出版社，民國 86 年 9 月（原載《上海博物館集刊》第五期，1990 年）。
73. 林嵩，〈宗法新解〉，《九州學刊》第四卷第二期，台北：九州學刊雜誌社，1991 年 7 月。
74. 楊善群，〈周族的起源及其遷徙路線〉，《複印報刊資料——先秦、秦漢史》，北京：中國人民大學書報資料社，1991 年 11 月。
75. 李衡眉，〈兄弟相繼爲君的昭穆異同問題〉，收於《先秦史論集》，濟南：齊魯書社，1999 年 10 月（原載《史學集刊》1992 年第四期，1992 年）。
76. 朱鳳瀚，〈商周時期的天神崇拜〉，《中國社會科學》1993 年第四期，北京：中國社會科學出版社，1993 年。
77. 尹盛平，〈新出太保銅器銘文及周初分封諸侯授民問題〉，收於《西周史論文集》上冊，西安：陝西人民教育出版社，1993 年 6 月。
78. 朱歧祥，〈殷初戰爭史稿——殷武丁時期方國研究〉，《靜宜人文學報》第五期，台中：靜宜大學教務處出版組，民國 82 年 6 月。
79. 沈長雲，〈論周康王〉，收於《西周史論文集》下冊，西安：陝西人民教育出版社，1993 年 6 月。
80. 晁福林，〈試論西周分封制的若干問題〉，收於《西周史論文集》下冊，西安：陝西人民教育出版社，1993 年 6 月。
81. 陳昌遠，〈談「周公制禮作樂」〉，收於《西周史論文集》下冊，西安：陝西人民教育出版社，1993 年 6 月。
82. 彭邦本，〈武王之世分封的初步探討〉，收於《西周史論文集》下冊，西安：陝西人民教育出版社，1993 年 6 月。
83. 馮慶余、康大鵬，〈談西周分封的兩個問題〉，收於《西周史論文集》下冊，西安：陝西人民教育出版社，1993 年 6 月。

84. 詹子慶，〈周禮和西周社會〉，收於《西周史論文集》下冊，西安：陝西人民教育出版社，1993 年 6 月。

85. 龐德謙，〈試析西周文化的生態基礎〉，收於《西周史論文集》上冊，西安：陝西人民教育出版社，1993 年 6 月。

86. 王明珂，〈周人的族源與華夏西部族群邊界的形成〉，《大陸雜誌》第八十七卷第二期，台北：大陸雜誌社，民國 82 年 8 月。

87. 管東貴，〈從李斯廷議看周代封建制的解體〉，《中央研究院歷史語言研究所集刊》第六十四本第三分，台北：中央研究院歷史語言研究所，民國 82 年 12 月。

88. 秦照芬，〈殷周宗法制度研究之回顧〉，《簡牘書報》第十五期，台北：蘭臺出版社，民國 82 年 12 月。

89. 鄭曉時，〈春秋時期的政軍關係〉，《人文及社會科學集刊》第六卷第二期，台北：中央研究院中山人文社會科學研究所，民國 83 年 6 月。

90. 李衡眉，〈殷人昭穆制度試探〉，收於《先秦史論集》，濟南：齊魯書社，1999 年 10 月（原載《求是學刊》1995 年第三期，1995 年）。

91. 李學勤，〈中國青銅器及其最新發現〉，收於《比較考古學隨筆》，桂林：廣西師範大學出版社，1997 年 8 月（原載《煙台師範學院學報》（哲學社會科學版）1995 年第三期，1995 年）。

92. 秦照芬，〈論殷王之繼位方式〉，《輔仁歷史學報》第七期，台北：輔仁大學文學院歷史學系，民國 84 年 12 月。

93. 李衡眉，〈昭穆制度與宗法制度關係略論〉，收於《先秦史論集》，濟南：齊魯書社，1999 年 10 月（原載《歷史研究》1996 年第二期，1996 年）。

94. 夏含夷，〈西周之衰微〉，收於《溫故知新錄——商周文化史管見》，台北：稻禾出版社，民國 86 年 9 月（原載吳榮曾主編《盡心集——張政烺先生八十慶壽論文集》，1996 年）。

95. 王仲孚，〈試論周人先世傳說與先周考古〉，收於《中國上古史專題研究》，台北：五南圖書出版有限公司，民國 85 年 12 月。

96. 張富祥，〈周初齊魯兩條文化路域問題〉，《山東師大學報》（社科版）1997 年第二期，濟南：山東師大學報編輯部，1997 年 3 月。

97. 管東貴，〈整體觀與歷史研究——以中國古代封建制的變遷爲例〉，《國立台灣師範大學歷史學報》第二十五期，台北：國立台灣師範大學歷史學系，民國 86 年 6 月。

98. 李學勤，〈青銅器與商周文化的關係〉，收於《比較考古學隨筆》，桂林：廣西師範大學出版社，1997 年 8 月。

99. 葉達雄，〈西周王權的成立及其相關之制度〉，《國立台灣大學歷史學報》

第二十一期，台北：國立台灣大學出版委員會，民國 86 年 12 月。

100. 秦照芬，〈論商代的國家政體〉，《台北市立師範學院學報》第二十九期，台北：台北市立師範學院，民國 87 年 3 月。

101. 梁國眞，〈試論商代宗教信仰型態的演變〉，《中國歷史學會史學集刊》第三十期，台北：中國歷史學會，民國 87 年 10 月。

102. 金景芳，〈周公對鞏固姬周政權所起的作用〉，收於郭偉川編《周公攝政稱王與周初史事論集》，北京：北京圖書館出版社，1998 年 11 月。

103. 秦照芬，〈從卜辭論商代的分封制度〉，《台北市立師範學院學報》第三十期，台北：台北市立師範學院，民國 88 年 3 月。

104. 李紹連，〈關於商王國的政體問題——王國疆域的考古佐證〉，收於《三代文明研究》（一），北京：科學出版社，1999 年 8 月。

105. 陳全方，〈周文化的形成〉，收於《三代文明研究》（一），北京：科學出版社，1999 年 8 月。

106. 曹定雲，〈西周國考〉，《出土文獻研究》第五集，北京：科學出版社，1999 年 8 月。

107. 張春長，〈淺談商周青銅器風格與思想意識演變〉，收於《三代文明研究》（一），北京：科學出版社，1999 年 8 月。

108. 張榮明，〈商周時代的族權、政權與教權〉，收於張國剛主編《中國社會歷史評論》第一卷，天津：天津古籍出版社，1999 年 8 月。

109. 陳朝雲，〈夏商周中原文明對淮河流域古代社會文明化進程的影響〉，《複印報刊資料——先秦、秦漢史》，北京：中國人民大學書報資料中心，2006 年 2 月。

110. 蔣重躍，〈周代的封國是否城邦——兼與希臘古典城邦的比較〉，《複印報刊資料——先秦、秦漢史》，北京：中國人民大學書報資料中心，2006 年 4 月。